全国银行业专业人员职业资格考试热题库

公司信贷（中级）

全国资格认证考试热题库编委会
邵冰　主编

策划编辑：陈希尔

封面设计：砚祥志远·激光照排

联系我们：
地址：辽宁省大连市沙河口区星海大厦
电话：0411-84669496
邮箱：retiku@retiku.cn

如有任何疑问
请联系客服人员

扫一扫，关注中国纺织出版社热题库系列

中国纺织出版社　中国纺织出版社　中国纺织出版社　中国纺织出版社
热题库　　　　　官方微信大众版　官方微博　　　　天猫旗舰店

ISBN 978-7-5180-4017-9

定价：58.00元

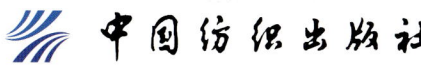中国纺织出版社

全国百佳出版单位
国家一级出版社

内 容 提 要

本书主要依据中国银行业专业人员职业资格考试专业实务科目《公司信贷》（中级）科目要求而编写，内容涵盖思维导图、模拟试卷、热题库三部分。思维导图能够帮助读者理清复习脉络，模拟试卷可以帮助读者检测复习效果，热题库可以帮助读者逐一击破考试重点、难点及易错点，增强应试能力。

图书在版编目（CIP）数据

全国银行业专业人员职业资格考试热题库. 公司信贷. 中级 / 全国资格认证考试热题库编委会，邵冰主编. — 北京：中国纺织出版社，2018.1

全国资格认证考试热题库

ISBN 978-7-5180-4017-9

Ⅰ. ①全… Ⅱ. ①全… ②邵… Ⅲ. ①银行—从业人员—中国—资格考试—习题集 ②信贷—银行业务—中国—资格考试—习题集 Ⅳ. ①F832-44

中国版本图书馆CIP数据核字（2017）第219960号

策划编辑：陈希尔　　责任印制：储志伟

中国纺织出版社出版发行
地址：北京市朝阳区百子湾东里A407号楼　邮政编码：100124
销售电话：010—67004422　传真：010—87155801
http://www.c-textilep.com
E-mail：faxing@c-textilep.com
中国纺织出版社天猫旗舰店
官方微博http://weibo.com/2119887771
三河市延风印装有限公司印刷　各地新华书店经销
2018年1月第1版第1次印刷
开本：787×1092　1/16　印张：10
字数：224千字　定价：58.00元

凡购本书，如有缺页、倒页、脱页，由本社图书营销中心调换

纺织社资格考试系列热题库

全国银行业专业人员职业资格考试热题库

《银行业法律法规与综合能力》（初级）

《银行业法律法规与综合能力》（中级）

《风险管理》（初级）

《风险管理》（中级）

《个人贷款》（初级）

《个人贷款》（中级）

《个人理财》（初级）

《个人理财》（中级）

《公司信贷》（初级）

《公司信贷》（中级）

《银行管理》（初级）

《银行管理》（中级）

全国期货从业人员执业资格考试热题库

《期货法律法规》

《期货基础知识》

《期货投资分析》

全国证券从业人员执业资格考试热题库

《金融市场基础知识》

《证券市场基本法律法规》

全国基金从业人员执业资格考试热题库

《基金法律法规、职业道德与业务规范》

《证券投资基金基础知识》

《私募股权投资基金基础知识》

心理咨询师国家职业资格考试热题库

《心理咨询师》（二级）

《心理咨询师》（三级）

目　录

一、热题库使用说明

二、思维导图

　　第一章　公司信贷概述

　　第二章　公司信贷营销

　　第三章　贷款申请受理和贷前调查

　　第四章　贷款环境风险分析

　　第五章　借款需求分析

　　第六章　客户分析与信用评级

　　第七章　贷款项目评估

　　第八章　贷款担保

　　第九章　贷款审批

　　第十章　贷款合同与发放支付

　　第十一章　贷后管理

　　第十二章　贷款风险分类与贷款损失准备金的计提

　　第十三章　不良贷款管理

三、模拟试卷

　　《公司信贷（中级）》模拟试卷（一）

　　《公司信贷（中级）》模拟试卷（二）

　　《公司信贷（中级）》模拟试卷（三）

参考答案及解析

第一章 公司信贷概述

第一节 公司信贷基础

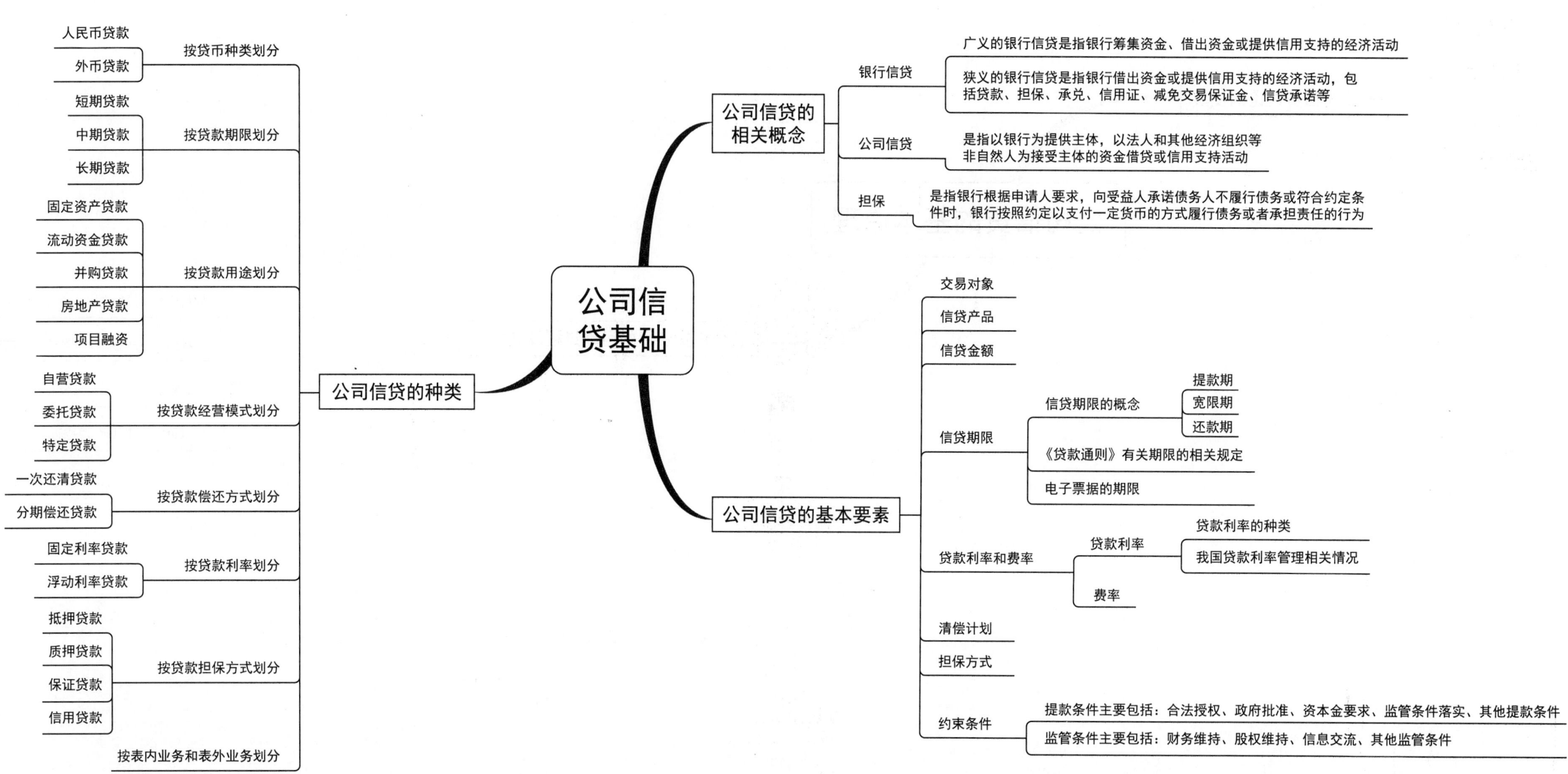

第二节 公司信贷的基本原理

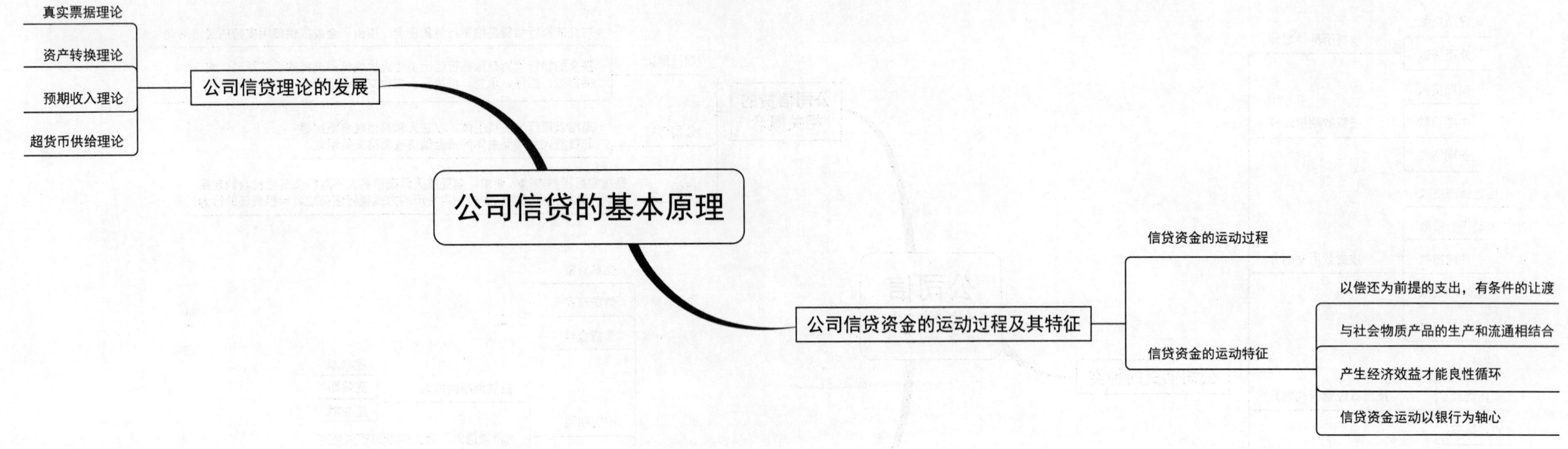

第三节 公司信贷管理

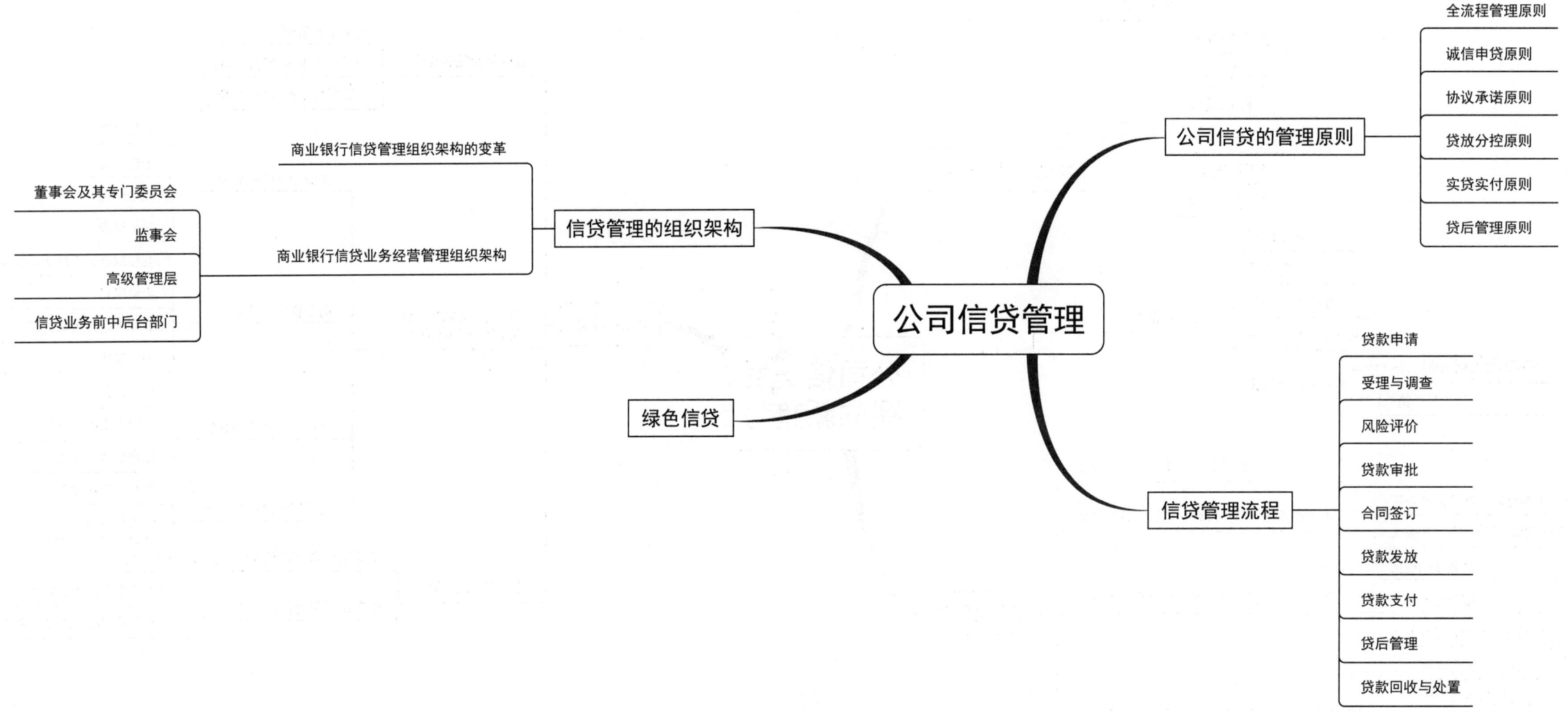

第四节 公司信贷发展的新趋势

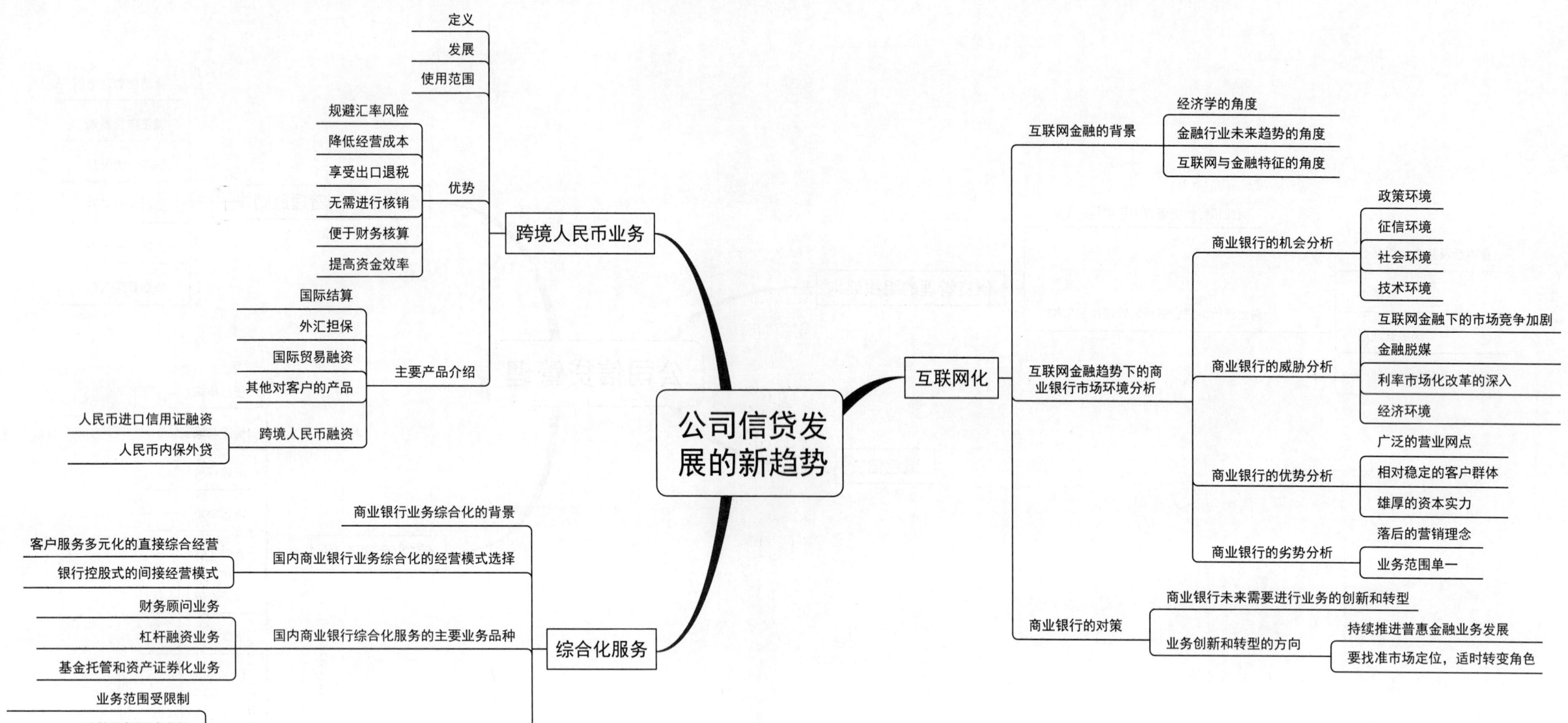

第二章 公司信贷营销

第一节 目标市场分析

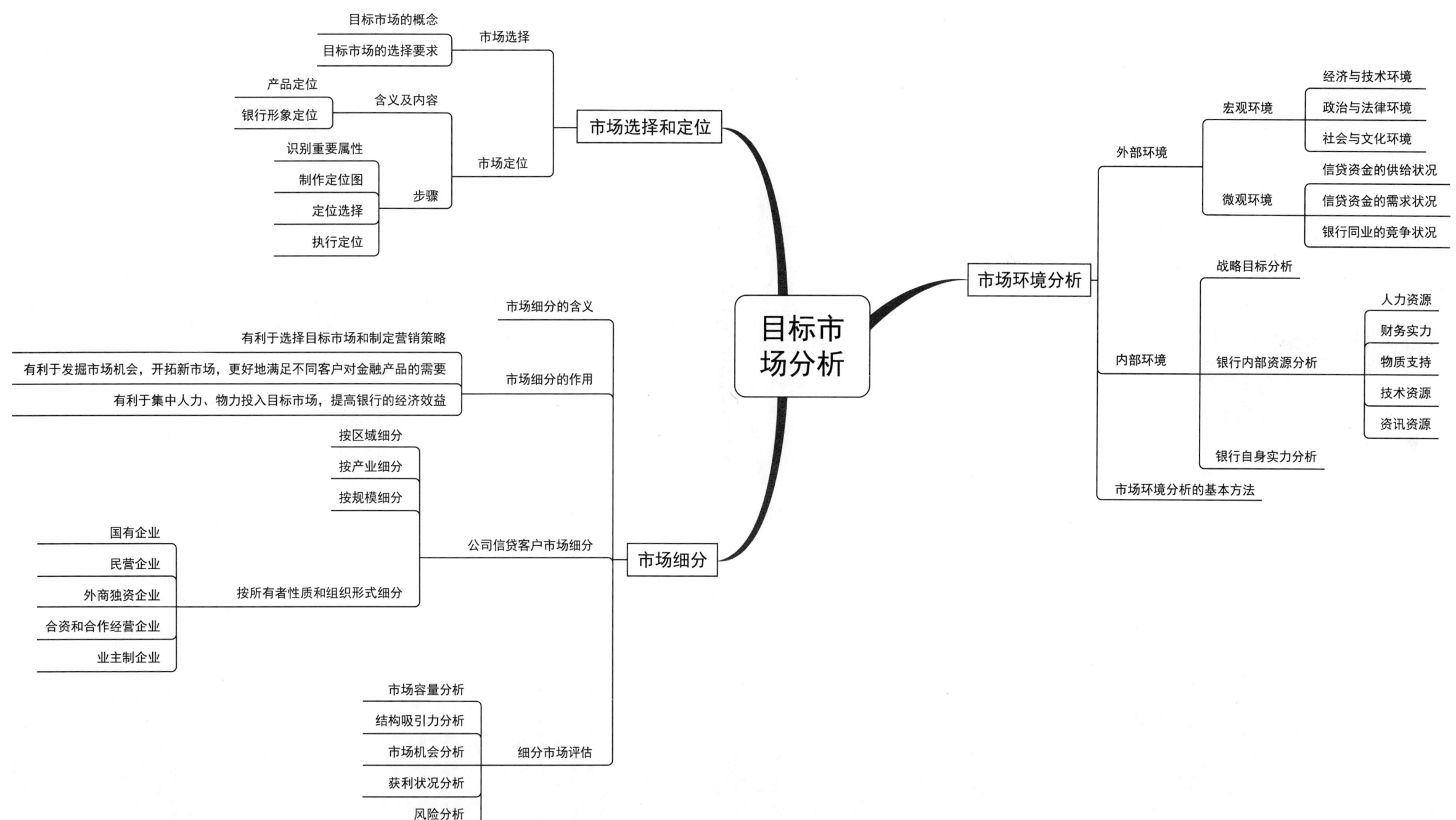

第二节 营销策略

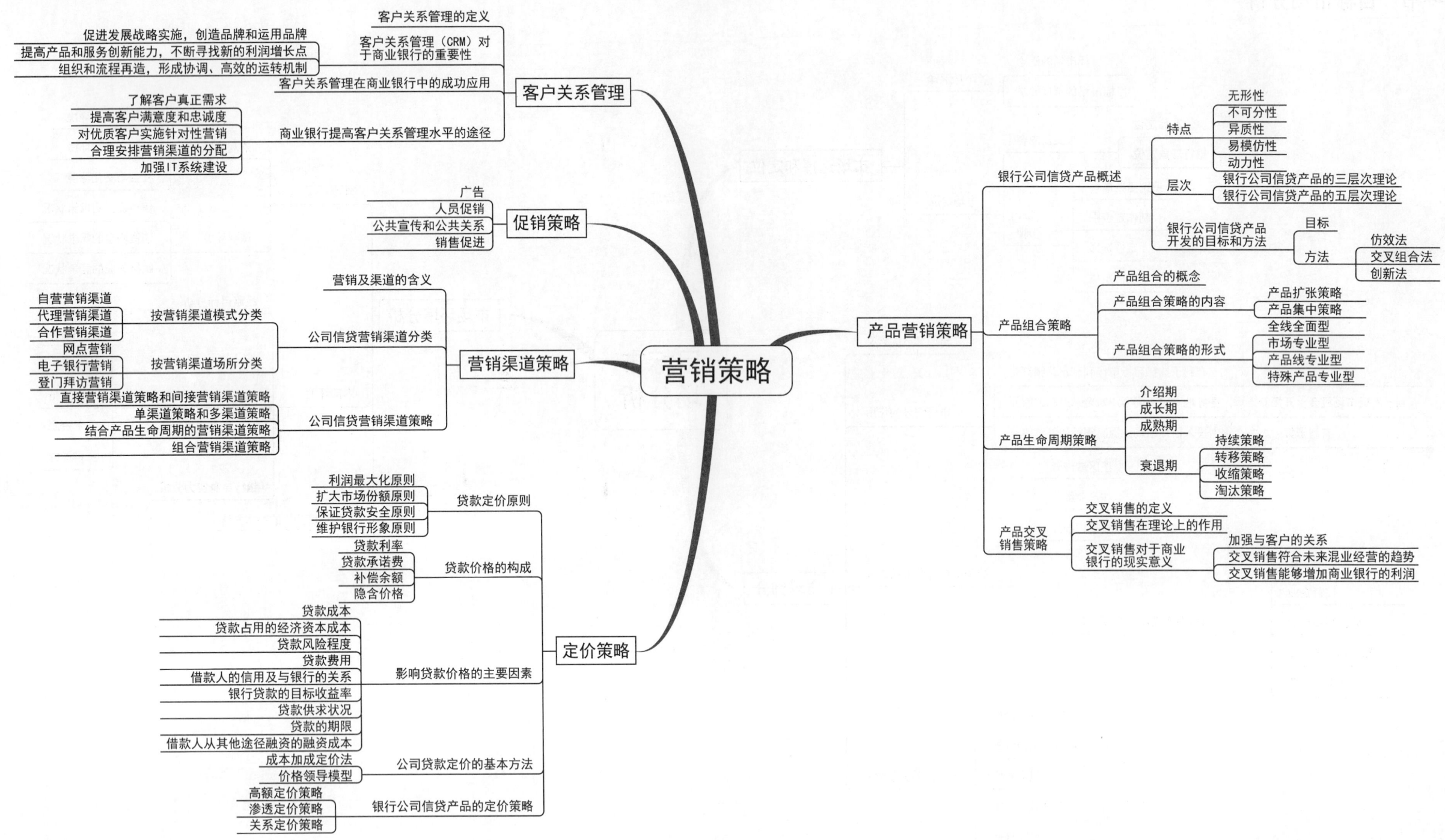

第三节 营销管理

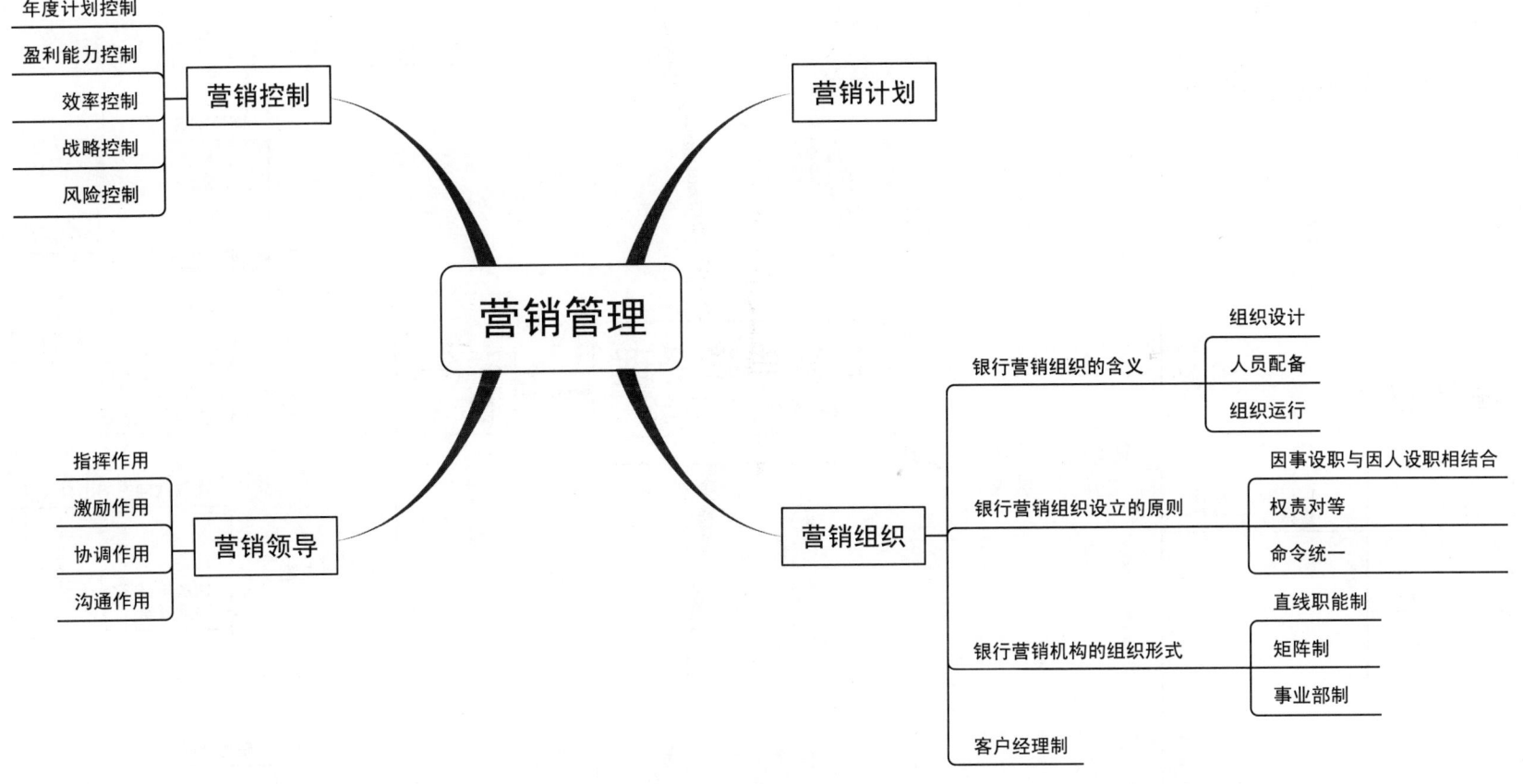

第三章 贷款申请受理和贷前调查

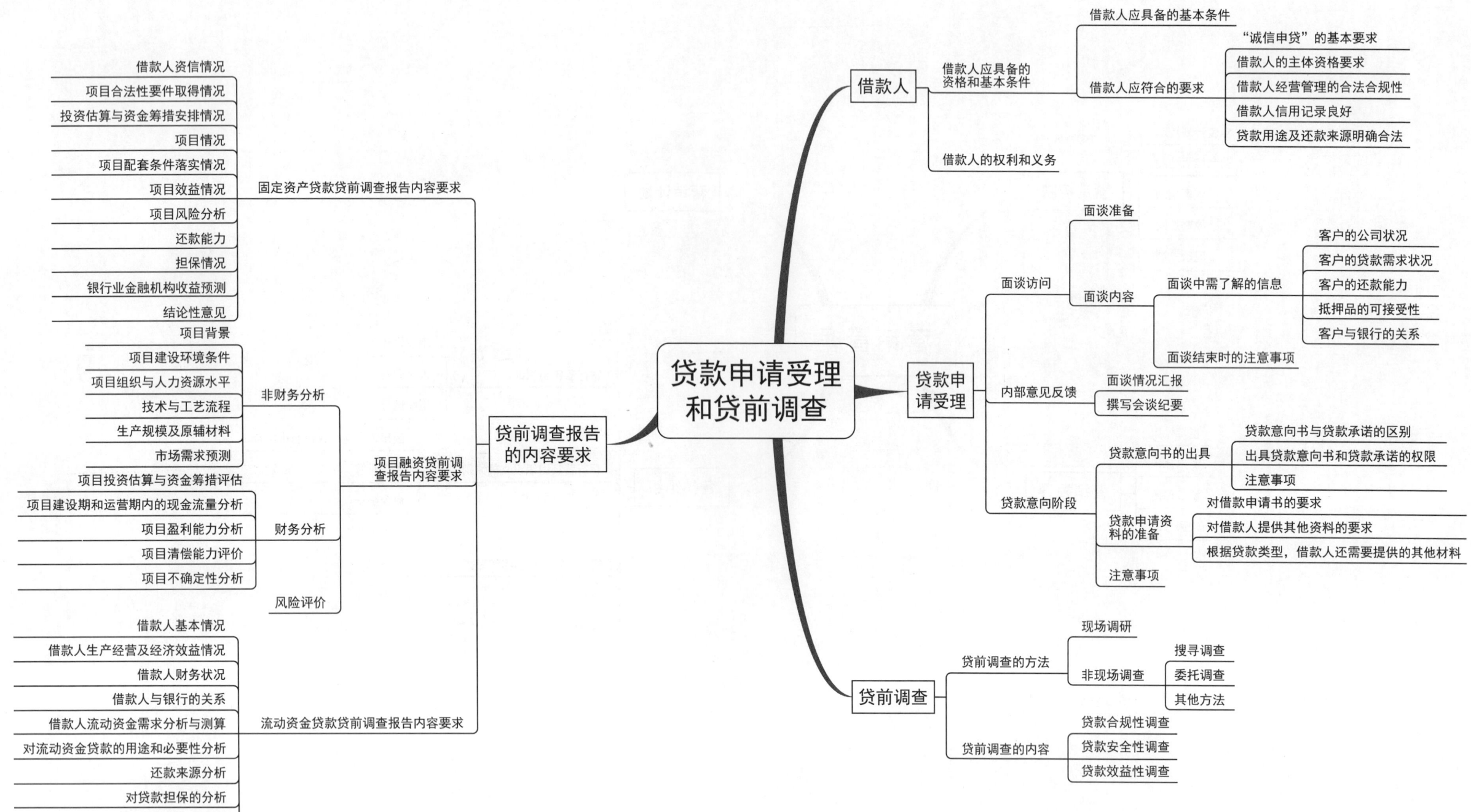

第四章 贷款环境风险分析

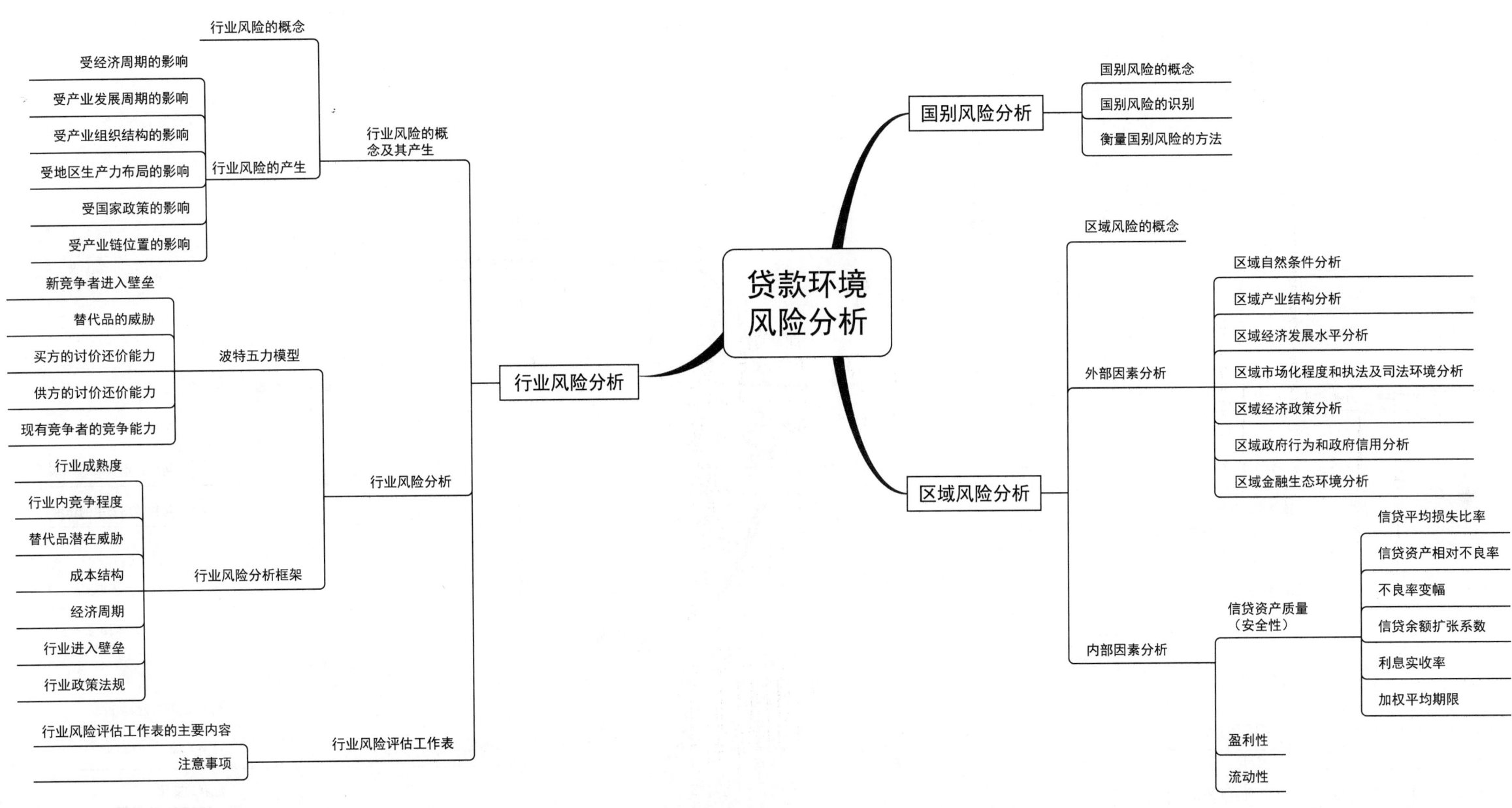

第五章 借款需求分析

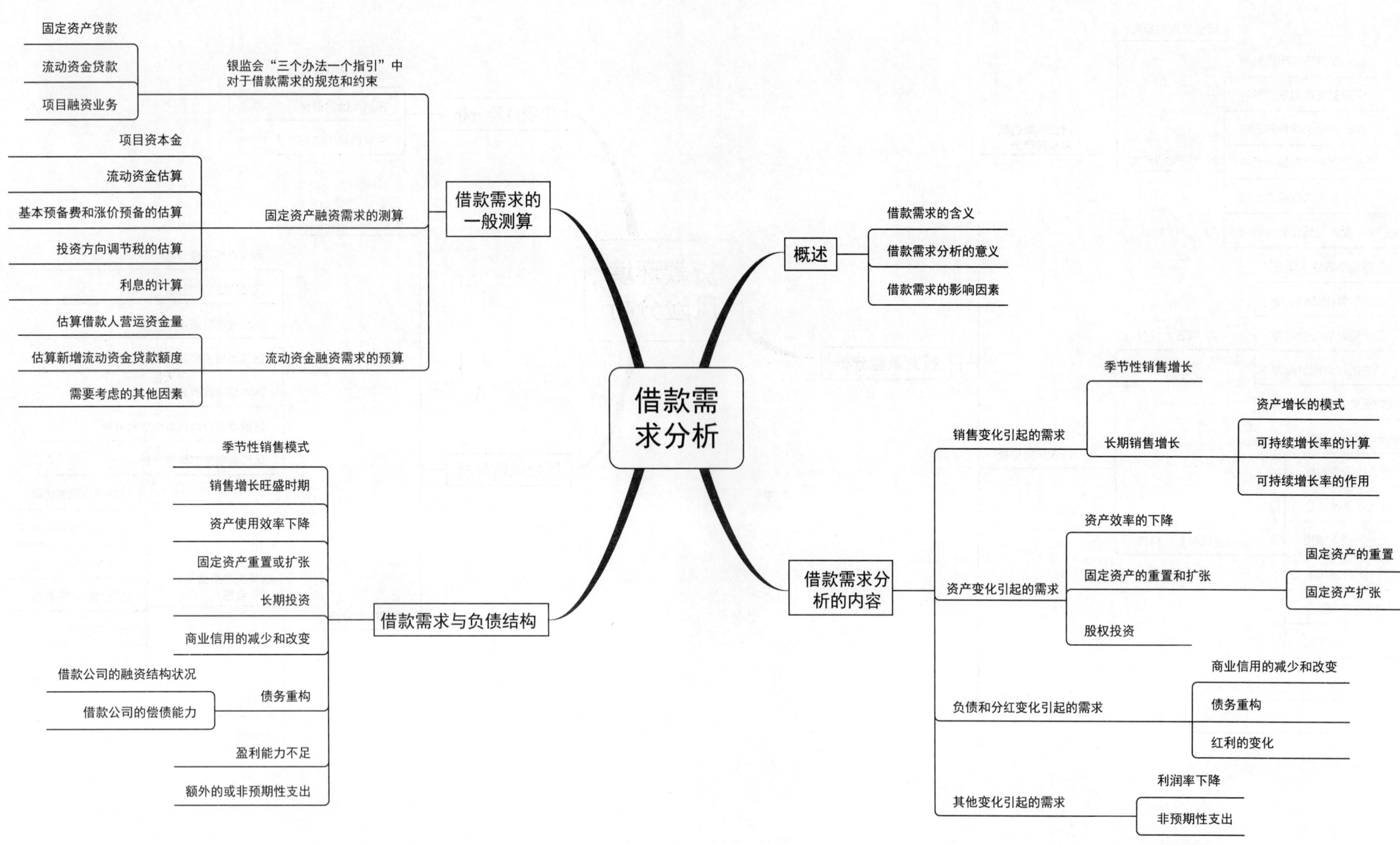

第六章　客户分析与信用评级

第一节　客户品质分析

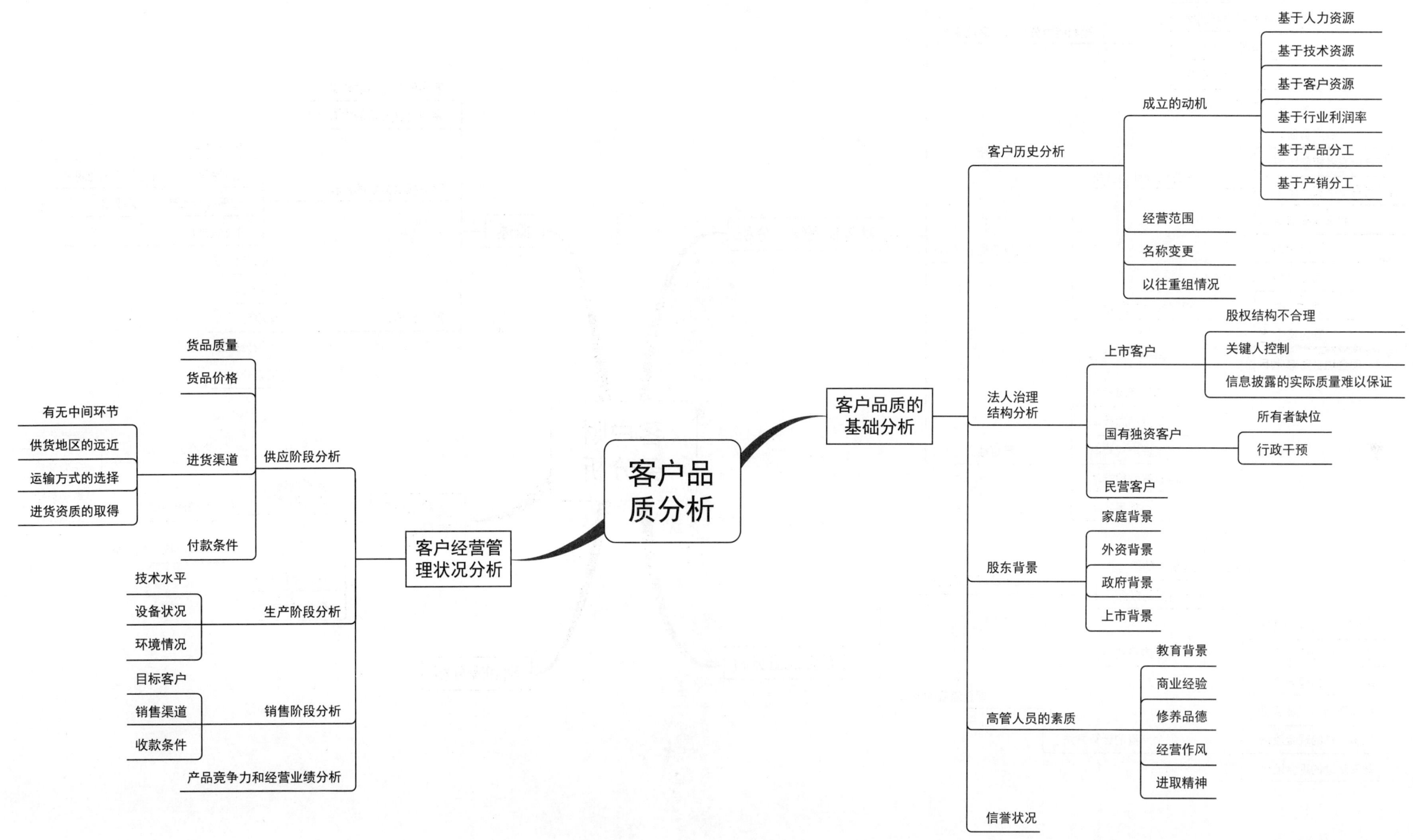

第二节 客户财务分析

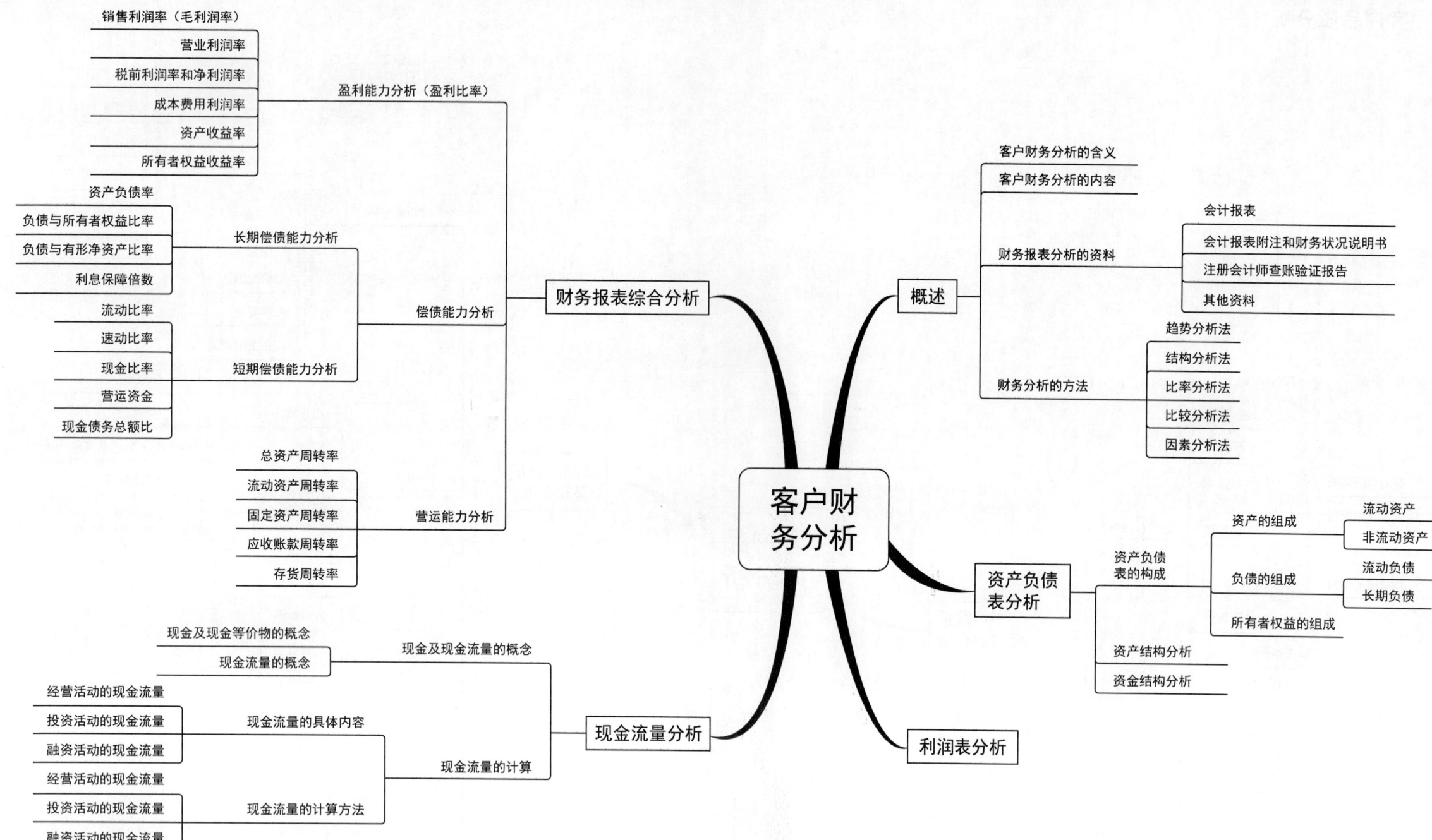

第三节 客户信用评级

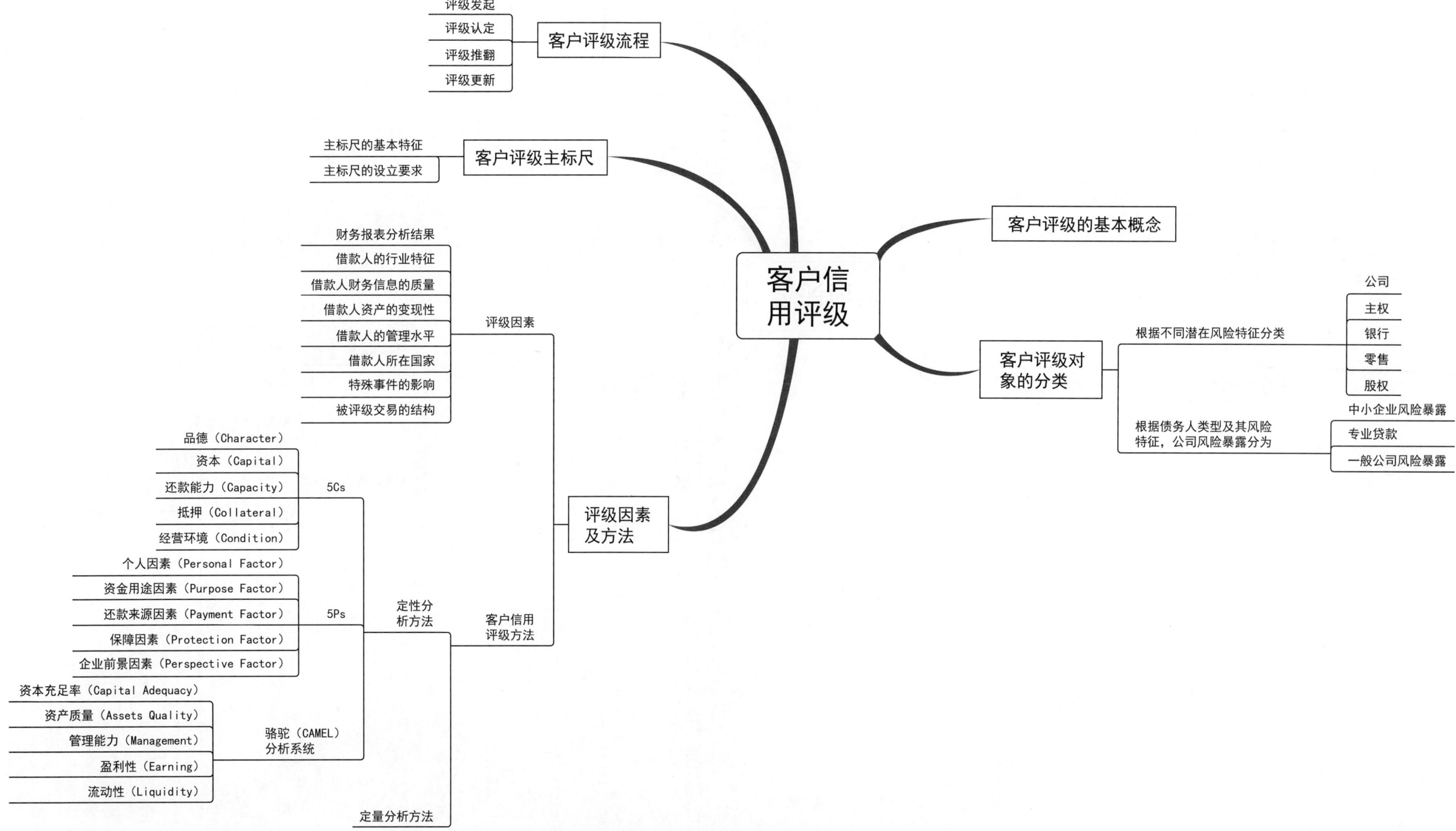

第四节 债项评级

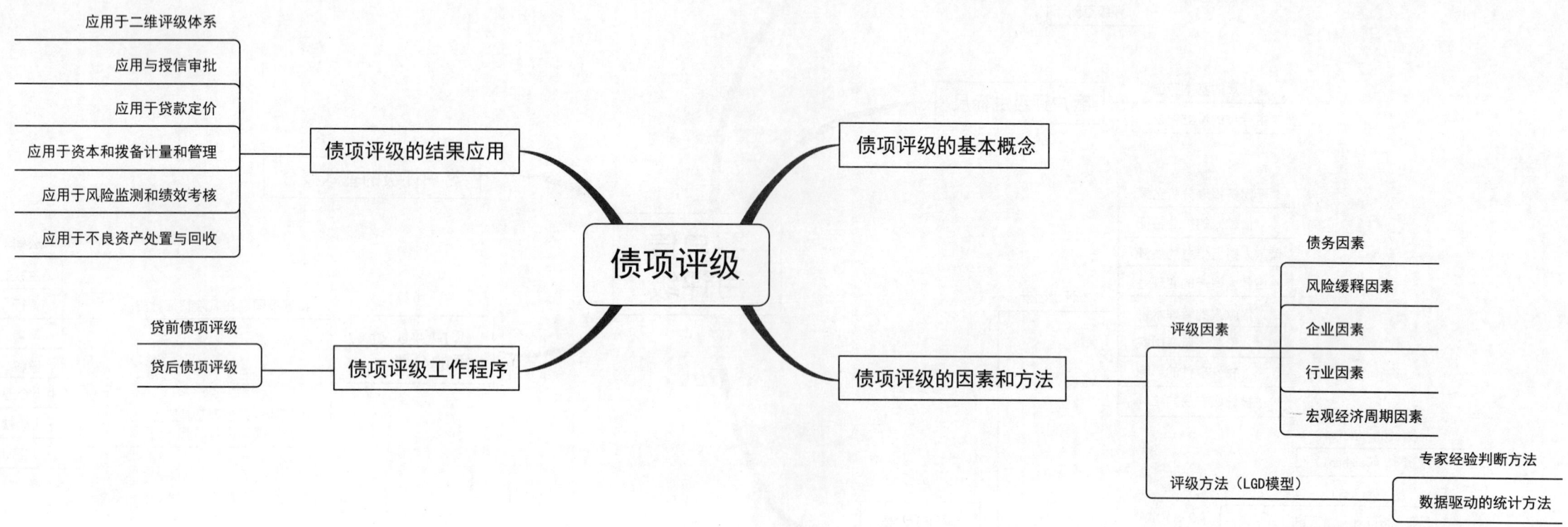

第七章 贷款项目评估

第一节 概述

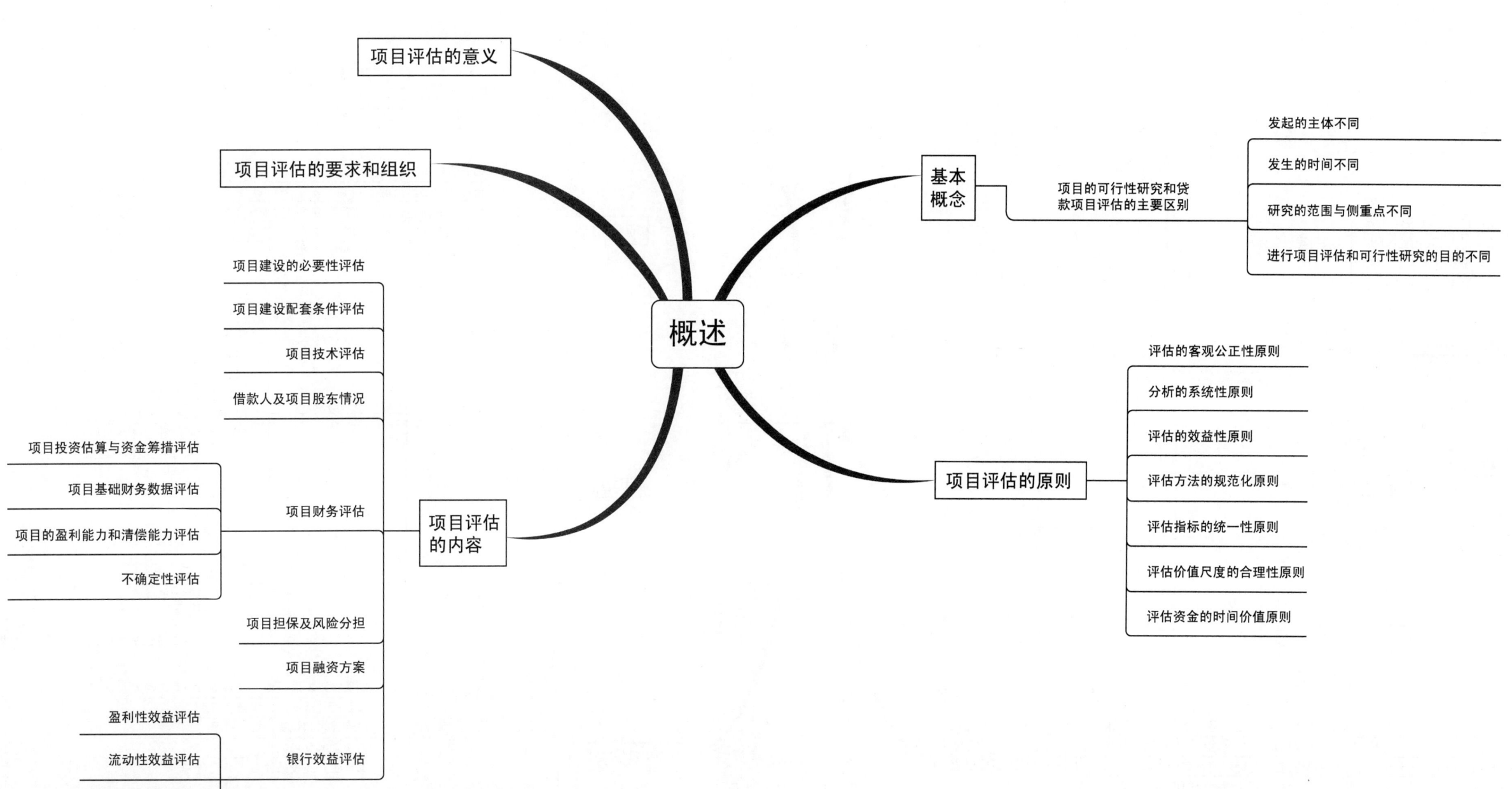

第二节 项目非财务分析

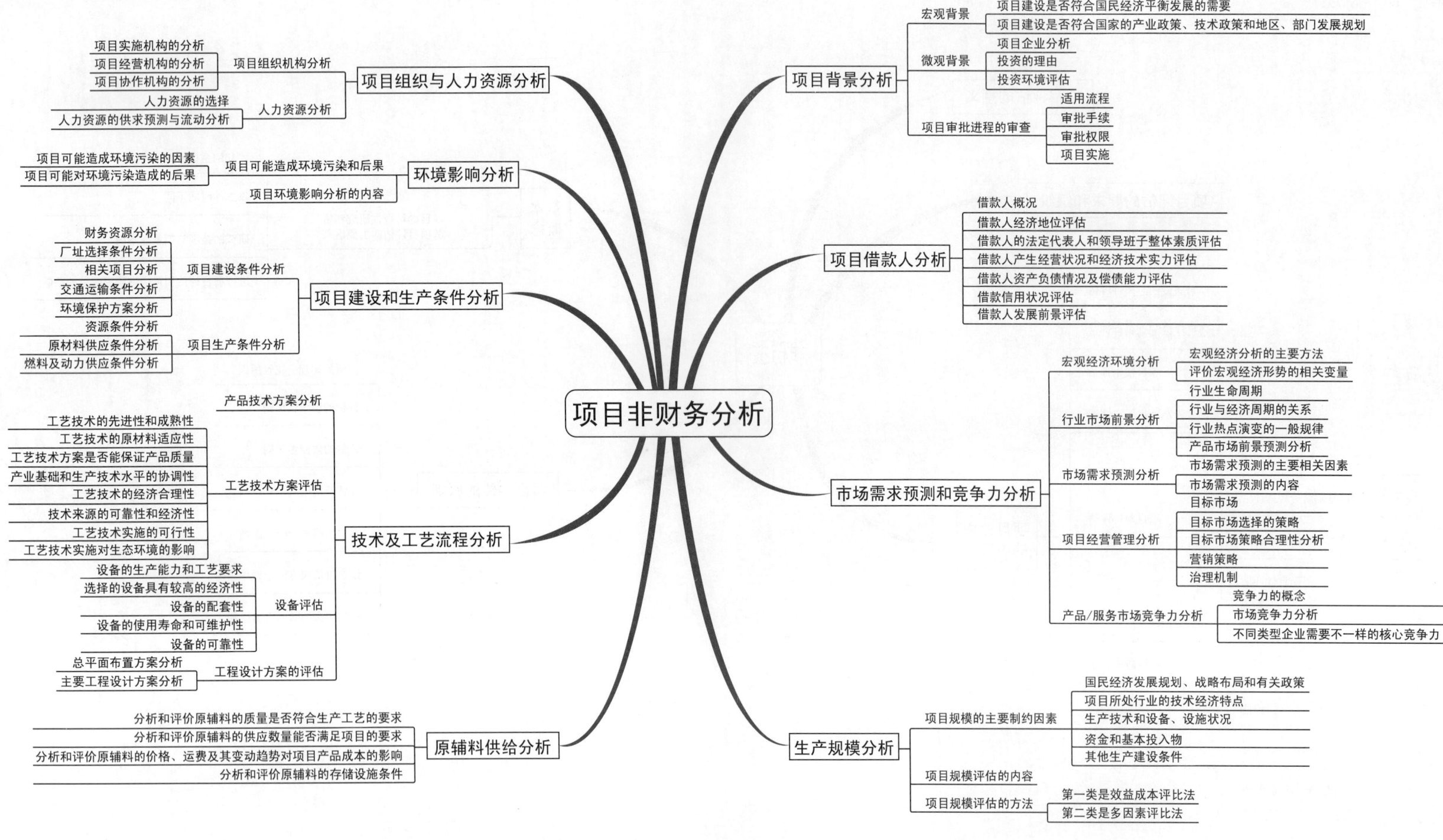

第三节 项目财务分析

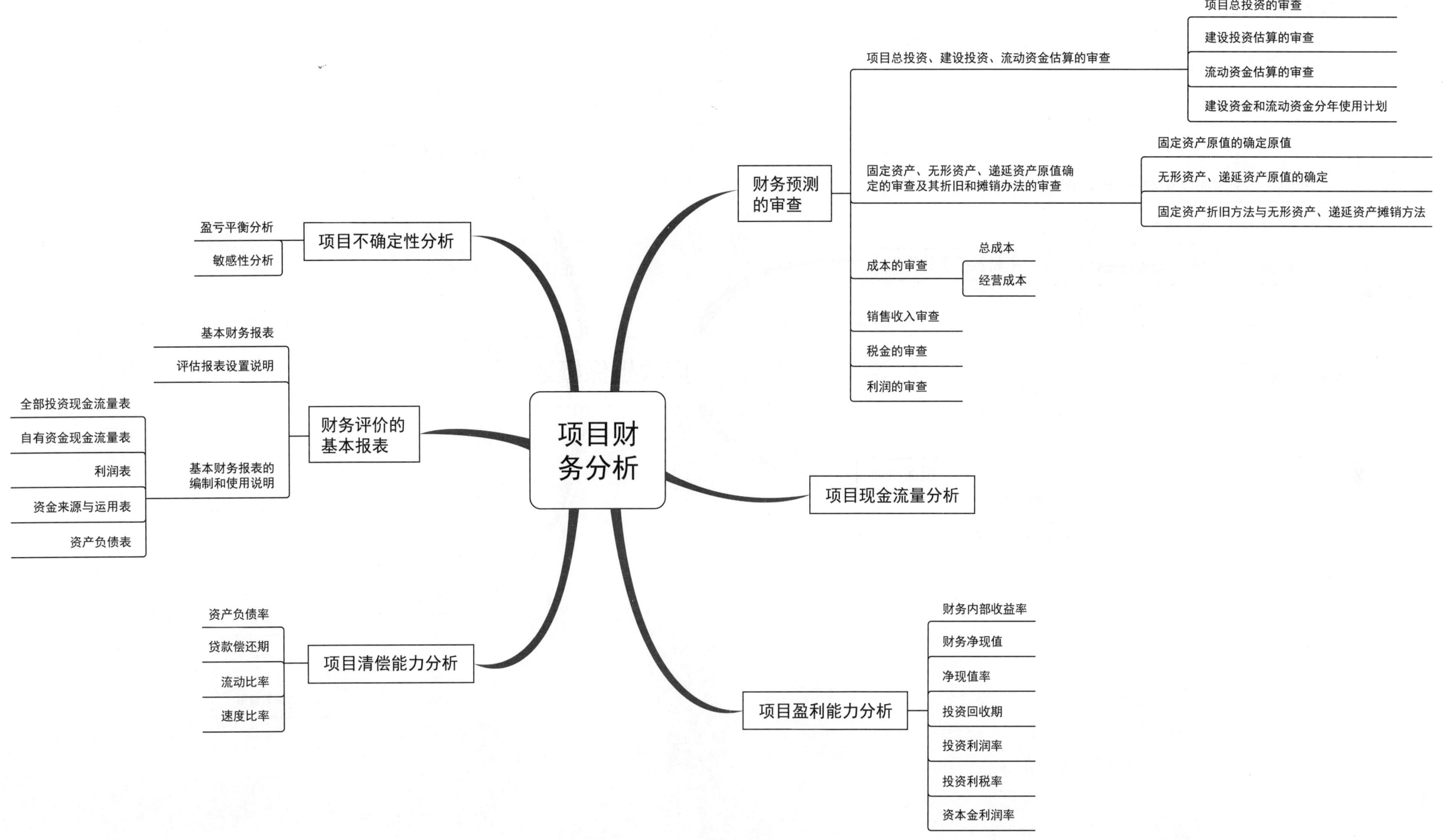

第八章 贷款担保

第一节 贷款担保概述

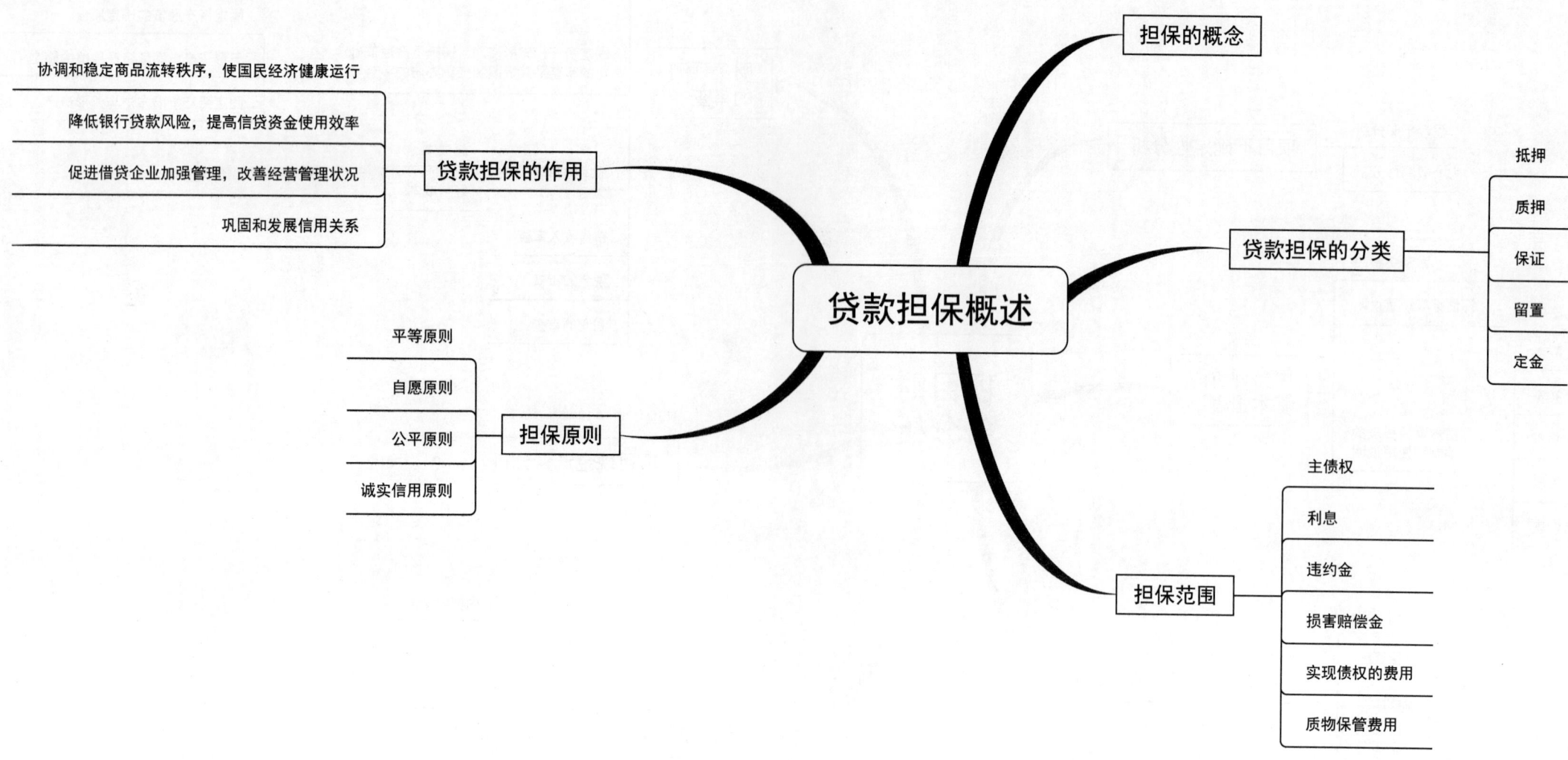

第二节 贷款保证

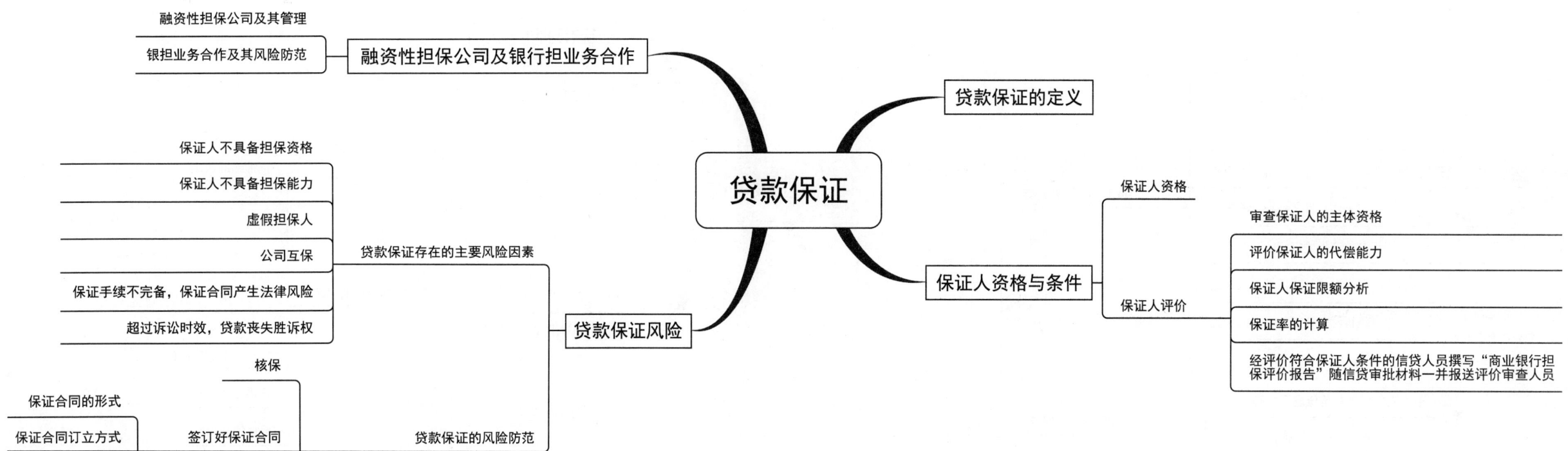

第三节 贷款抵押

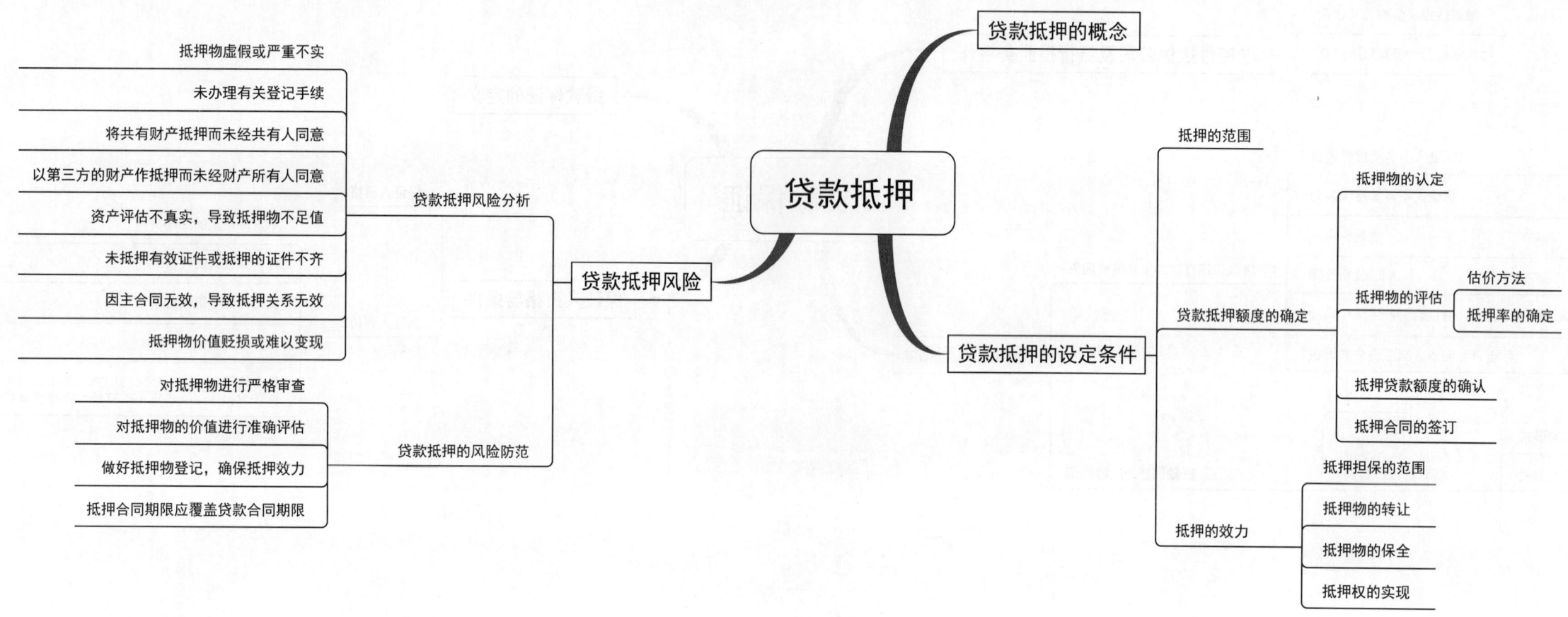

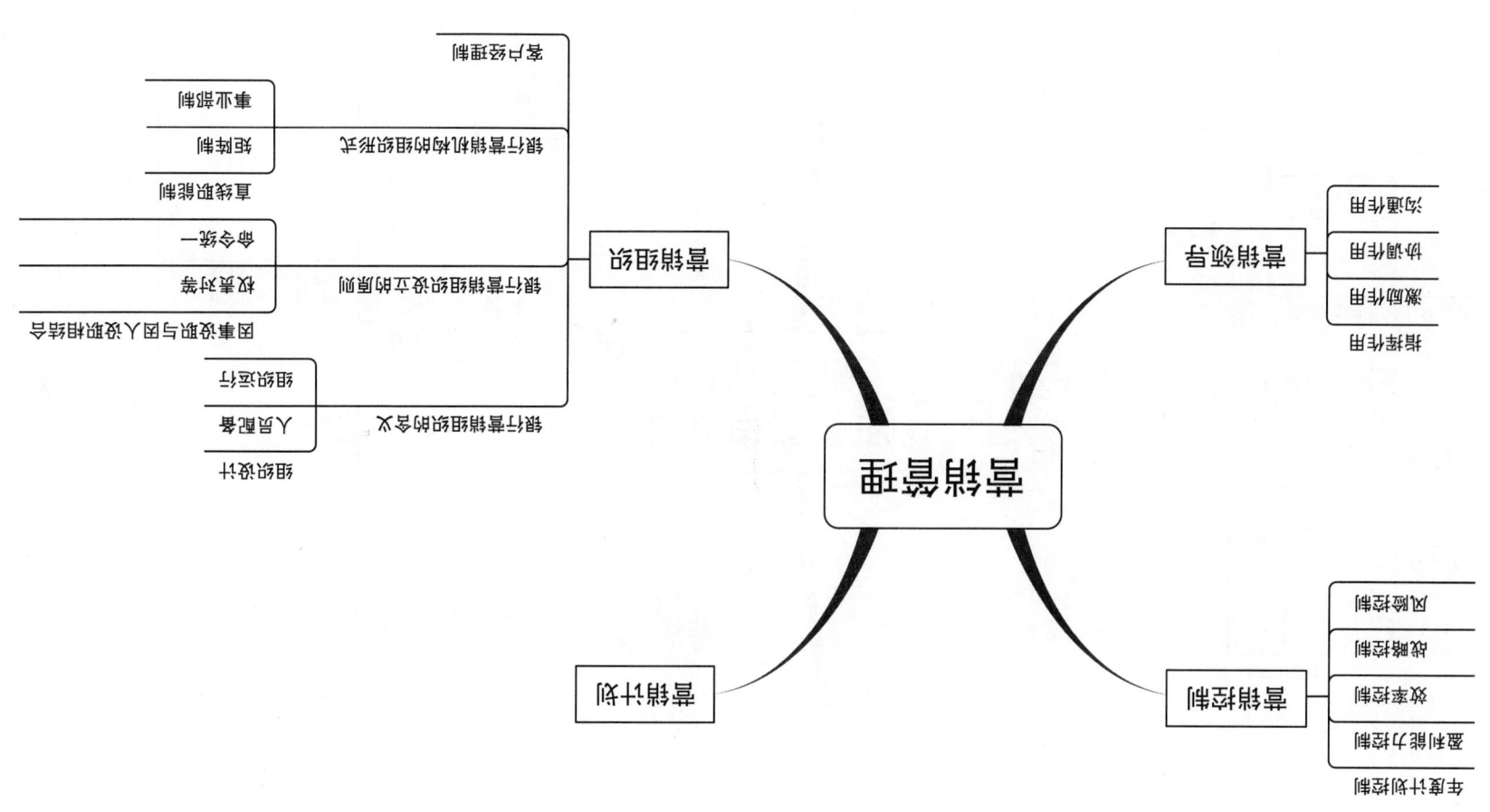

第三章 贷款申请受理和资料收集

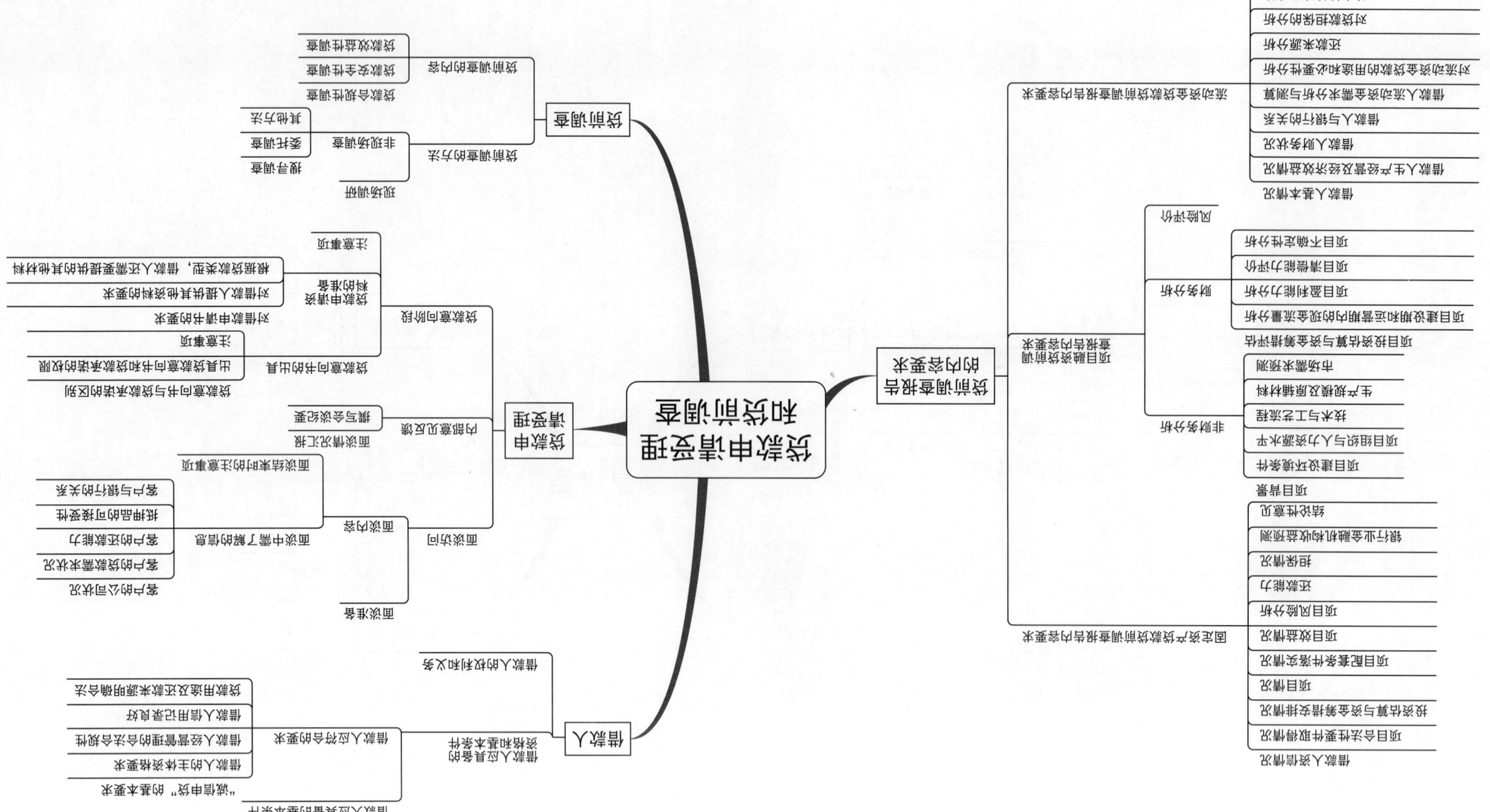

第四节 贷款质押

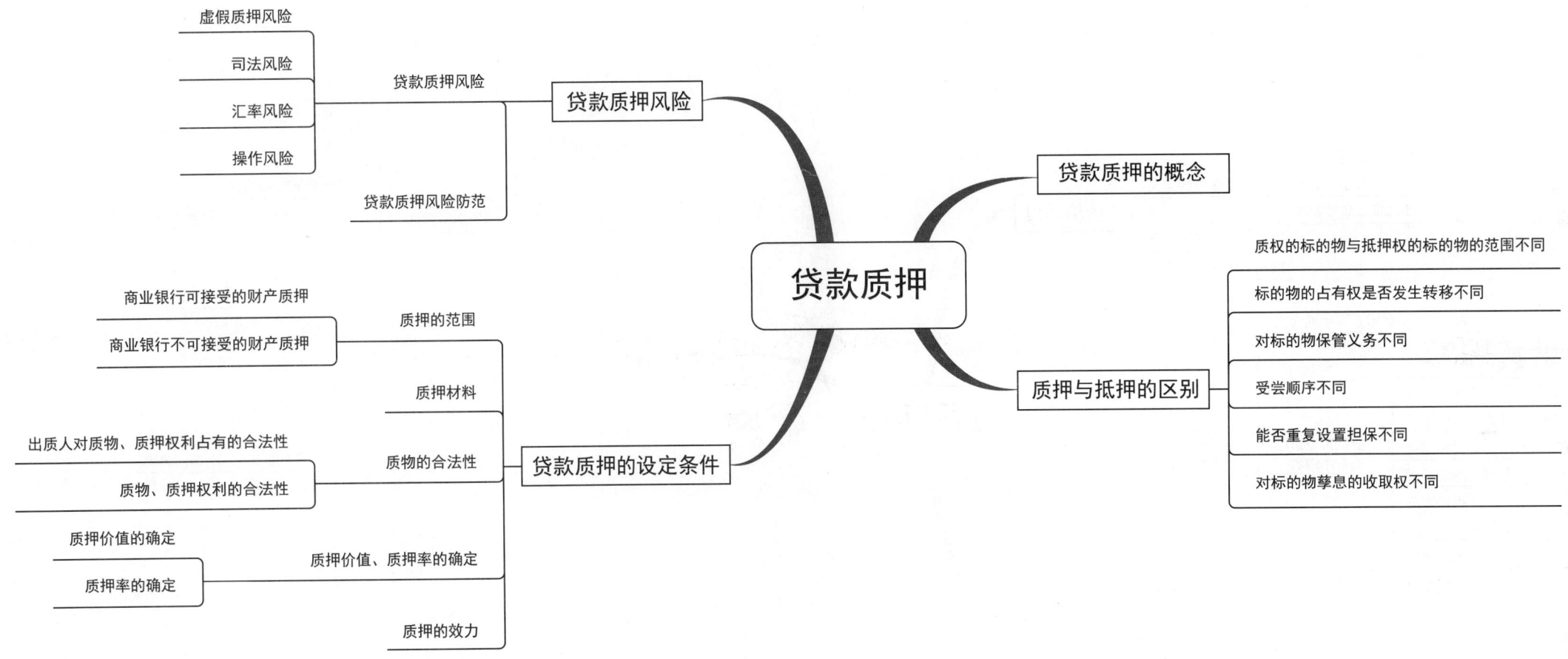

第九章 贷款审批

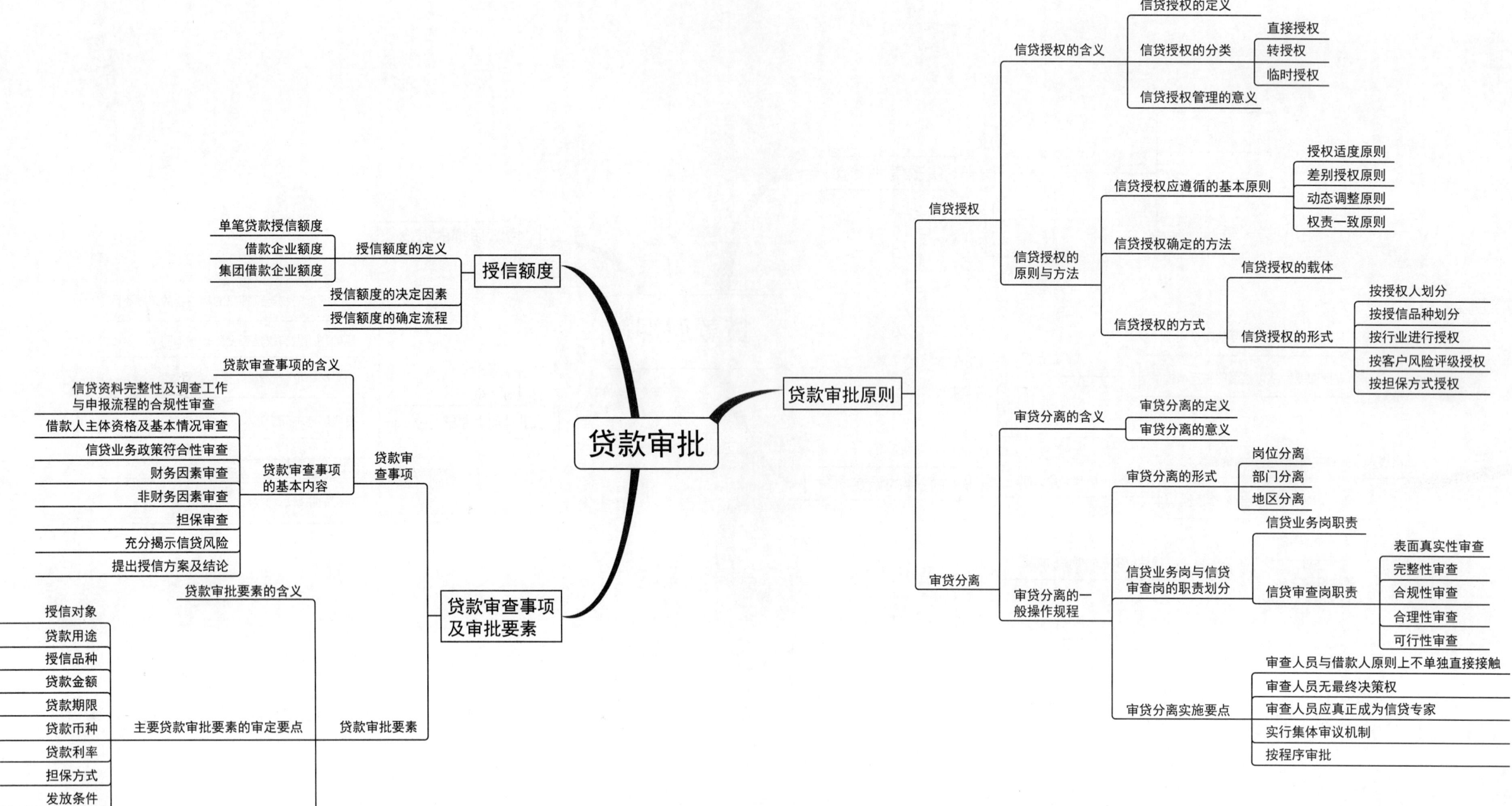

第十章　贷款合同与发放支付

第一节　贷款合同与管理

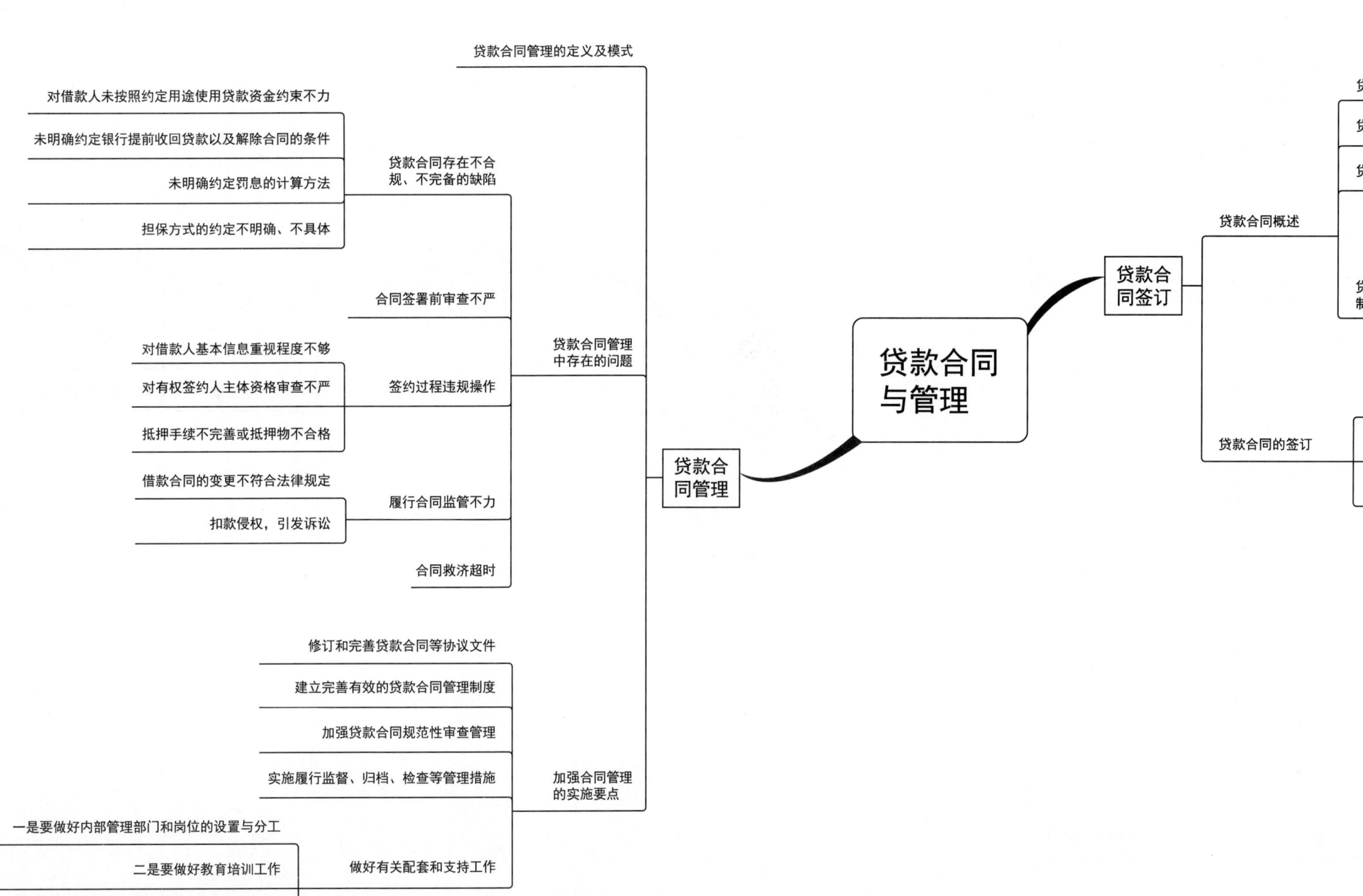

第二节 贷款的发放

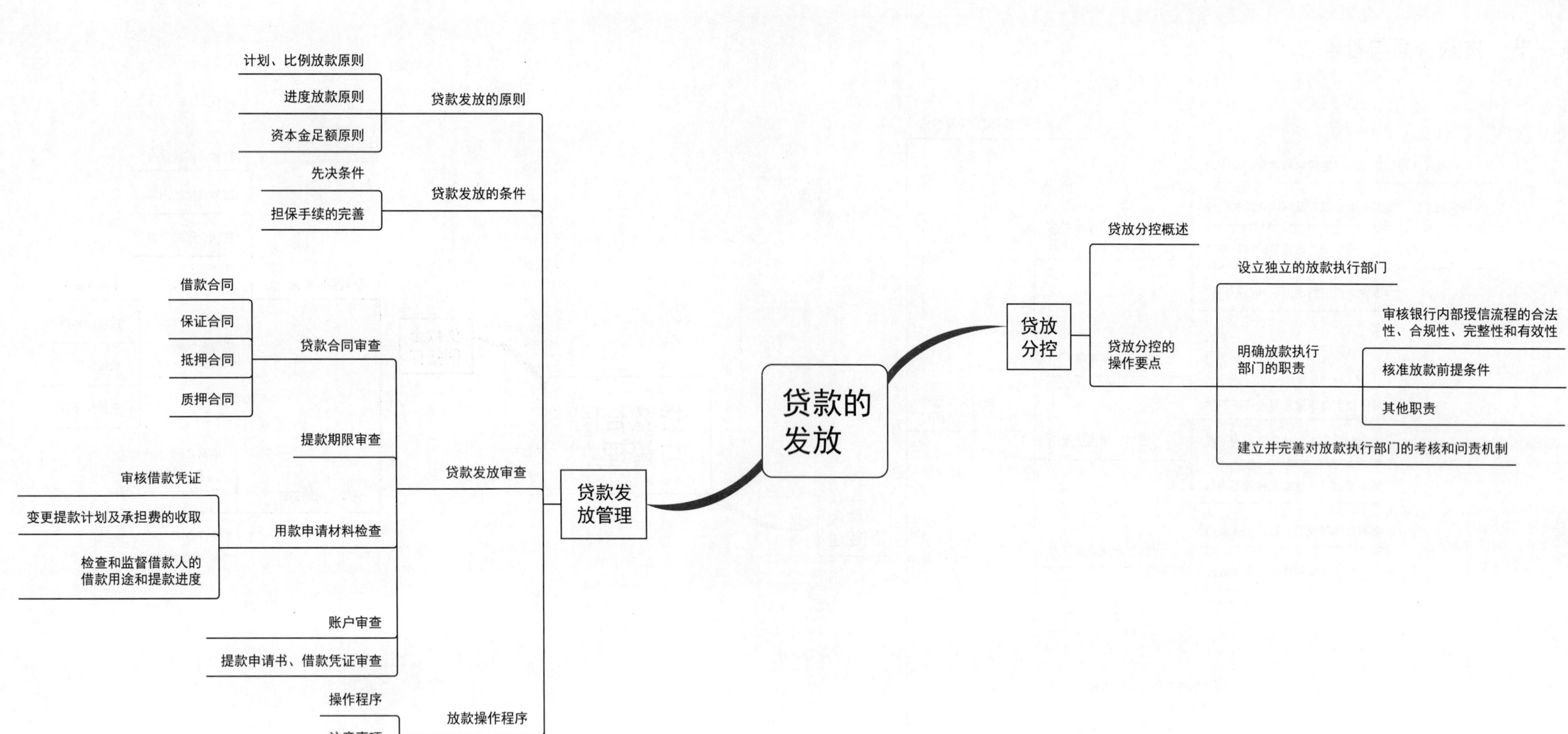

第三节 贷款支付

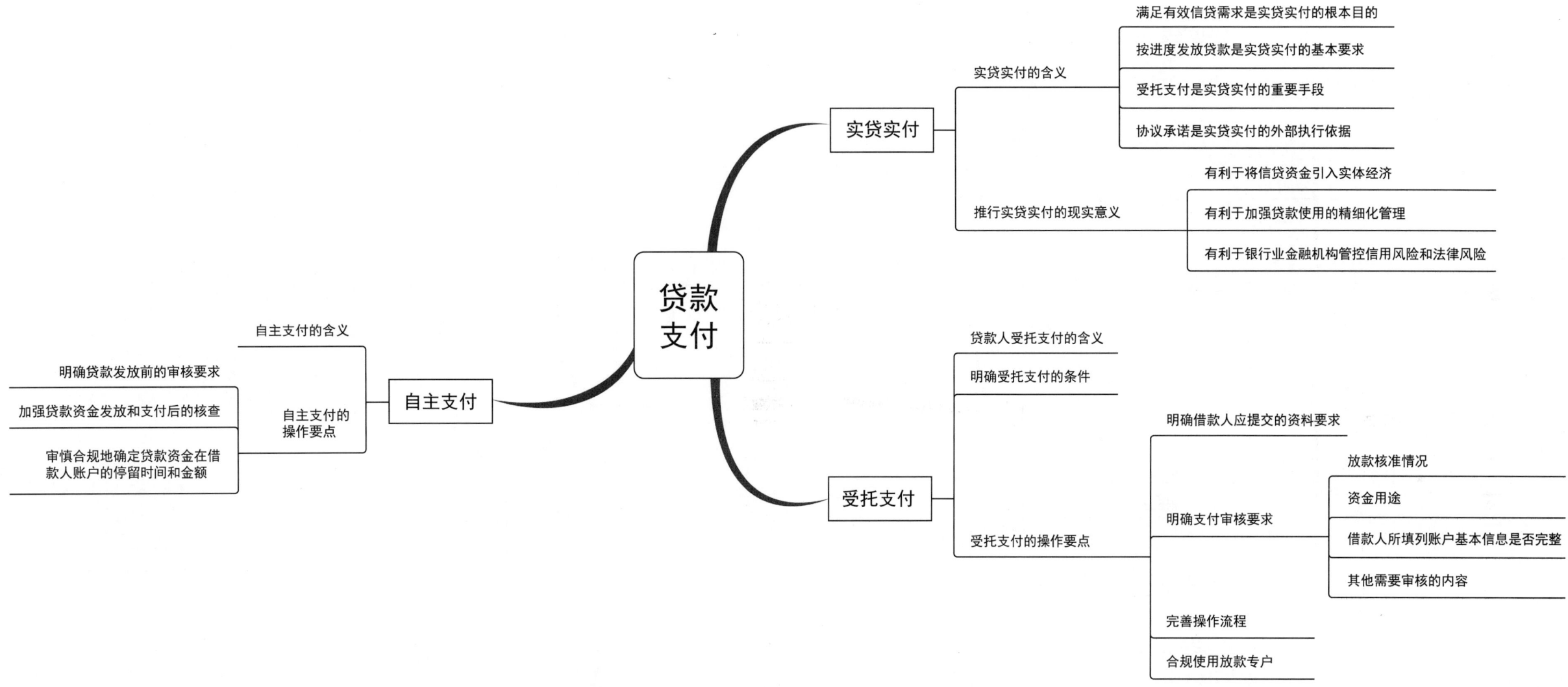

第十一章 贷后管理

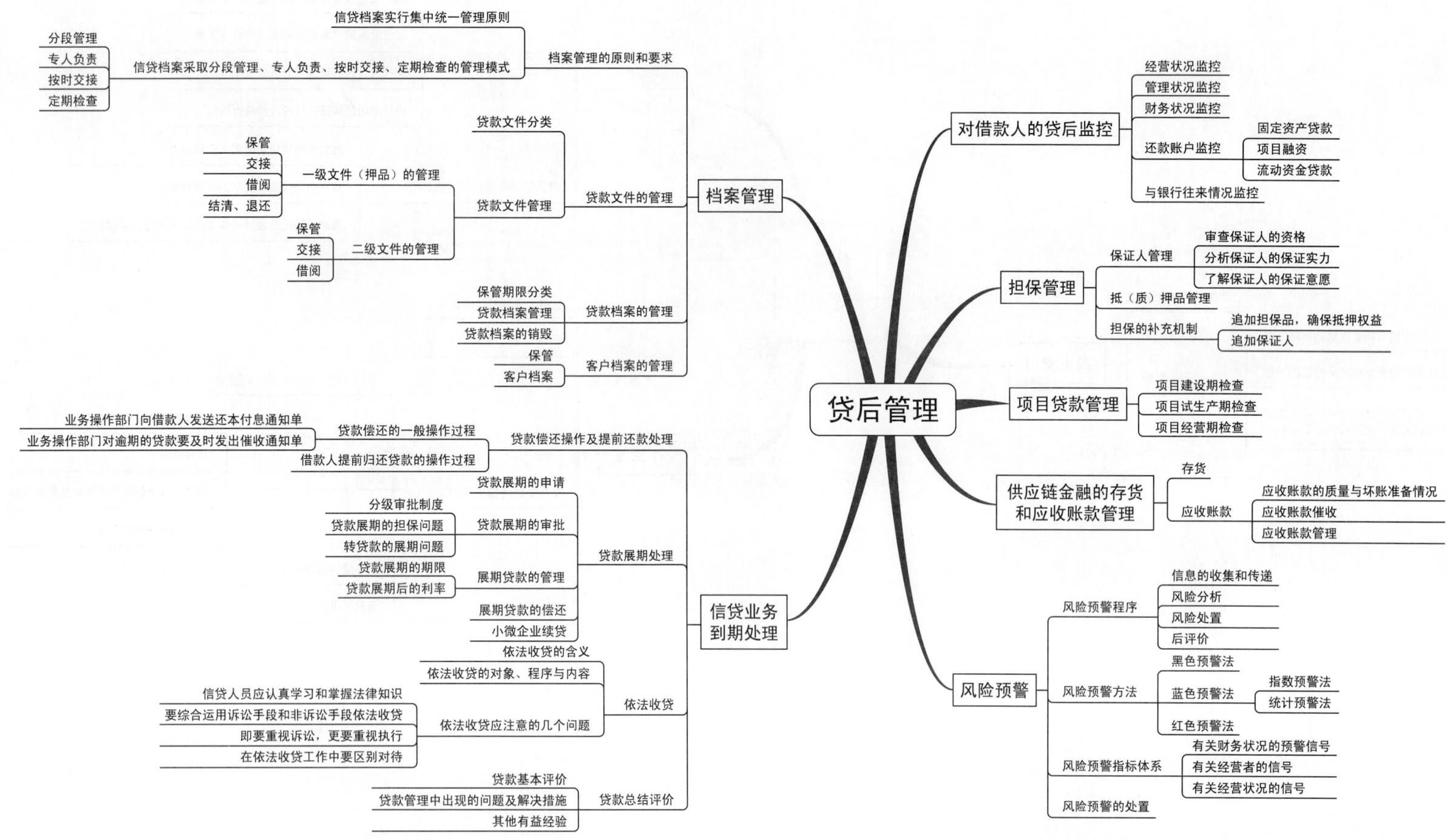

第十二章 贷款风险分类与贷款损失准备金的计提

第一节 贷款风险分类概述

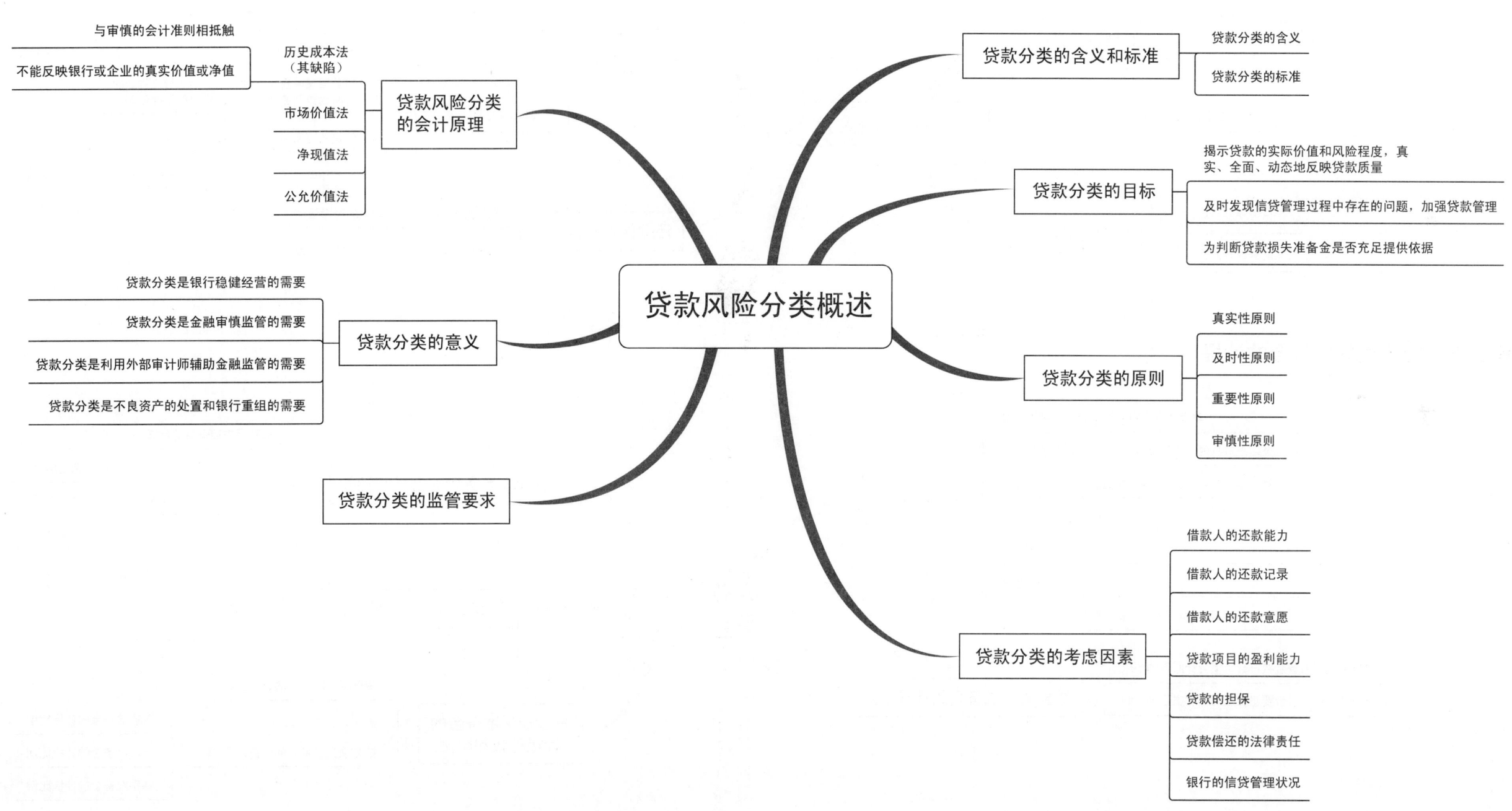

第二节 贷款风险分类方法

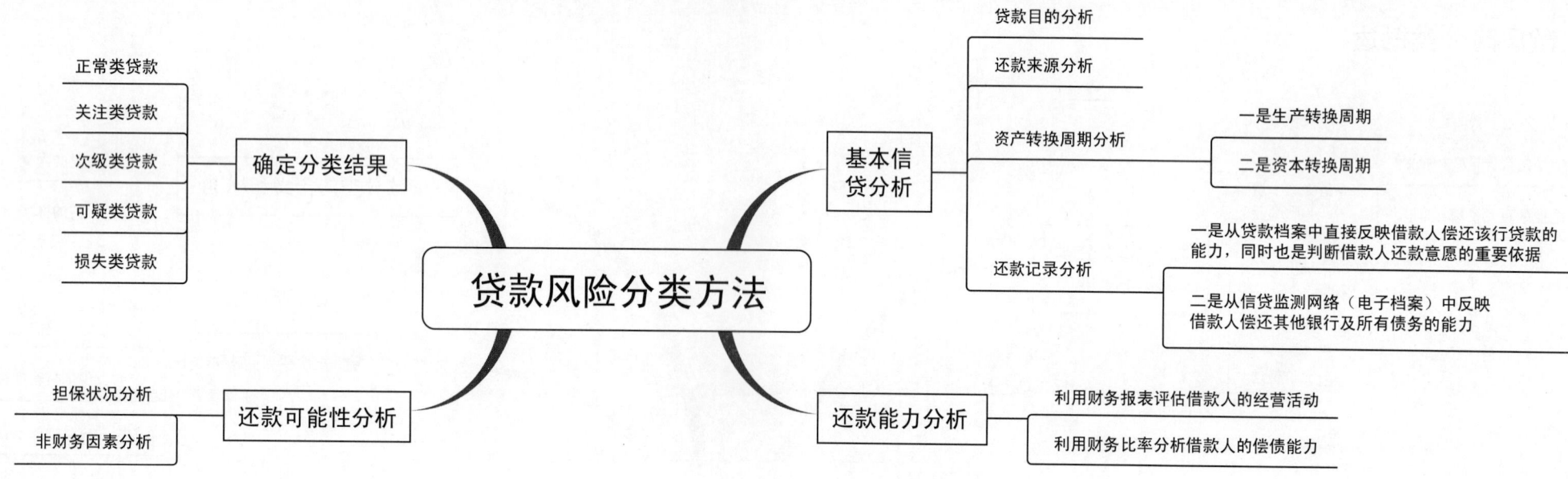

第三节 贷款损失准备金的计提

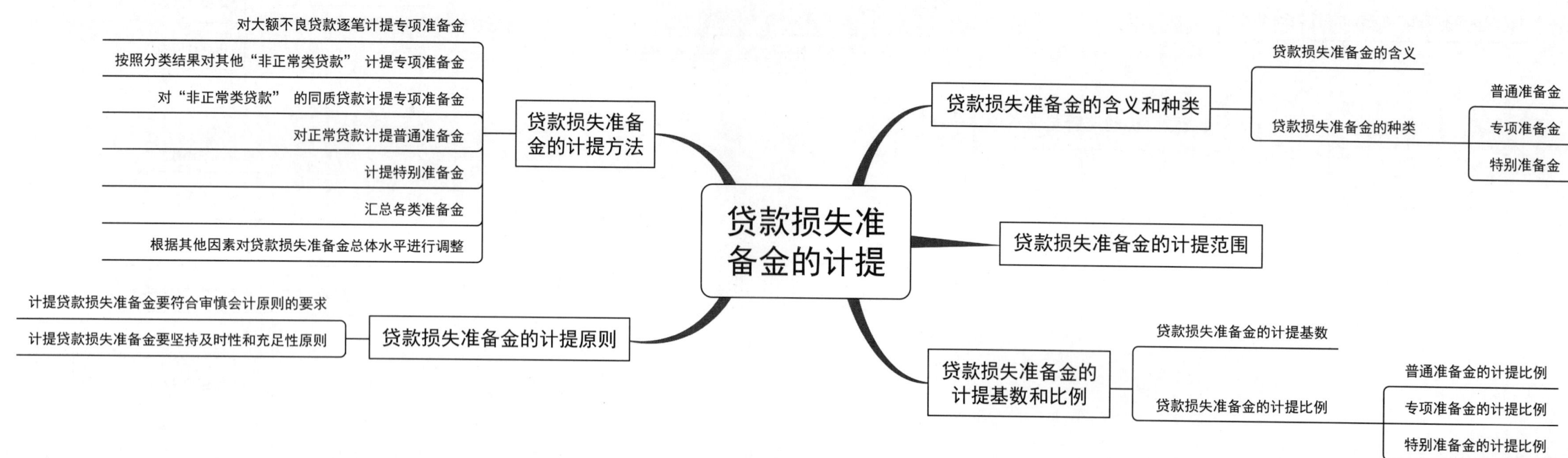

第十三章 不良贷款管理

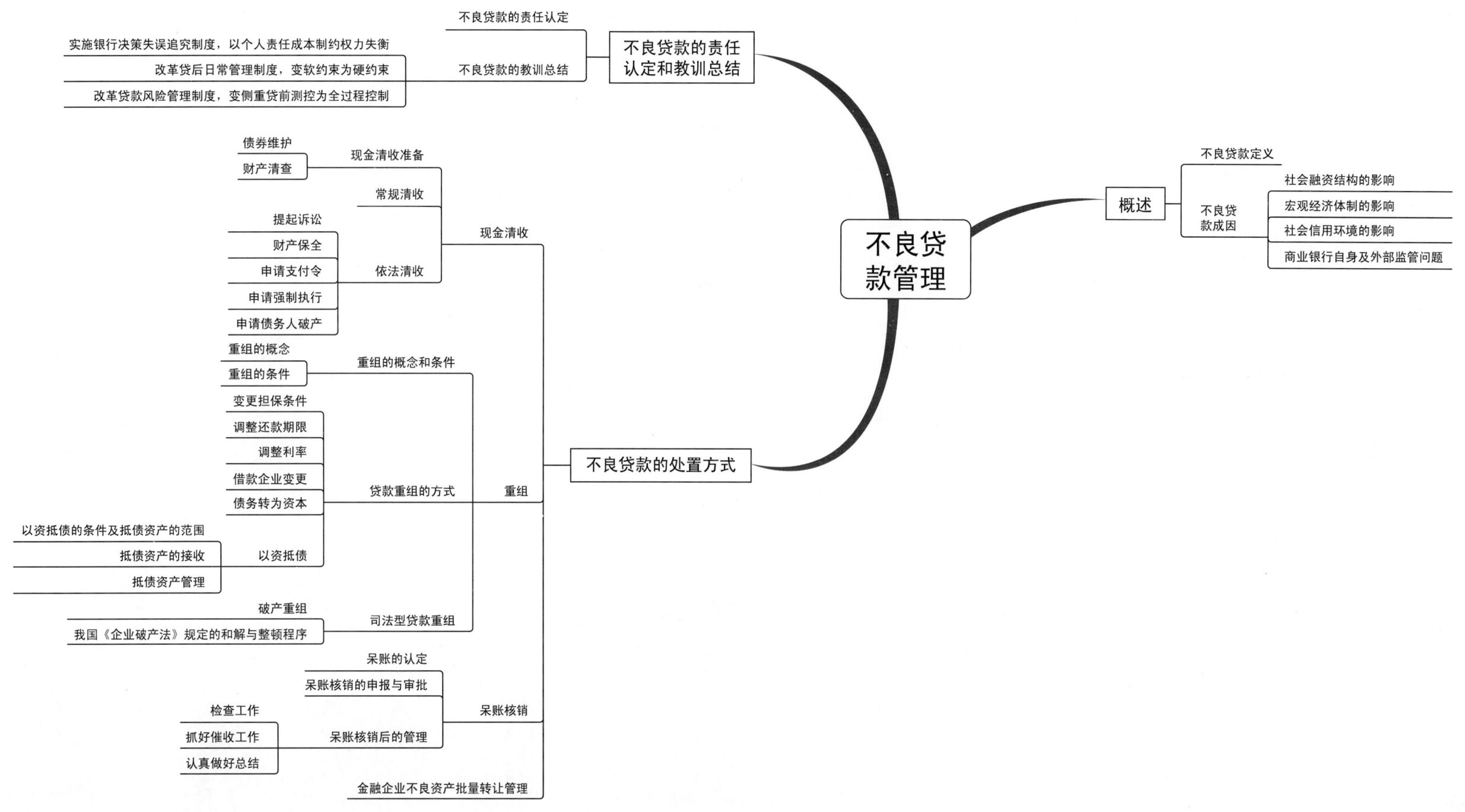

热题库使用说明

热题库设计模型：

欢迎大家使用热题库学习软件，这套软件是全国资格认证考试热题库编委会通过十余年的知识沉淀与经验积累而总结出的一套适用万千考生的学习方法。热题库中的考点和试题均由资深专业教师依据最新考试大纲要求进行编写，同时融入了历年考试真题，在保证试题质量及时效性的基础上，通过经典有效的考点挂习题形式对考点知识进行全方位覆盖，帮助考生逐一击破考试重点、难点及易错点，也因此被众多考生喻为"考试神器"。

- ✓ **新题练习**：以最新大纲要求为主线，为考生提供最新最全的应试题目。
- ✓ **热题研习**：通过对错比率来划分热度，热度越高，题目越精。
- ✓ **熟题重温**：重温做过的题目，加深对知识点的理解与应用。
- ✓ **错题重做**：对做错的题目重新作答，找到薄弱环节，逐个击破。
- ✓ **机编模拟**：按命题思路进行组卷，通过自测，把握考试重点，主攻薄弱环节。
- ✓ **典型试卷**：全国资格认证考试热题库编委会精心编排，囊括重点难点，保质保量。

纺织社热题库

1. 主页面

热题库主页面上部分为考试科目名称、考生信息及考生学习情况，具体包括：考生头像、微信昵称、积分、新题总数、错题总数、熟题总数、勤奋/排名。

热题库主页面下部分为六大经典模块，分别是：新题练习、热题研习、熟题重温、错题重做、机编模拟、典型试卷。其中，新题练习、熟题重温、机编模拟为免费模块，热题研习、错题重做、典型试卷为收费模块。

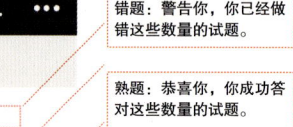

- **积分**：用你的积分可换取试题提问机会。
- **错题**：警告你，你已经做错这些数量的试题。
- **新题**：提醒你，你还有多少道试题未做。
- **熟题**：恭喜你，你成功答对这些数量的试题。
- **头像**：点击头像，进入个人中心，查看你的资考信息。
- **勤奋/排名**：查看你在热题库中的江湖排名。

2. 新题练习

新题中的题目按章节分类，点击章进入节列表，点击节进入考点列表，点击考点进入考点学习，此模块考生可免费使用；

考点中记录详细考点内容及解析，同时记录考点学习人数，点击章、节、考点右侧按钮直接进入答题页面；

考生选择选项后点击"上一题"、"下一题"默认提交答案；点击"查看答案"选项后，将不可再次更改答案；没有选择答案却点击"查看答案"选项后，本题按做错处理；

点击查看答案后，详细展示本题正确答案，正确率，考生选择，易错选项，被答次数。

3.

- **考点**：点击考点进入考点详情页面进行学习，并记录考点学习人数。
- **我要提问**：考生在答题过程中遇到疑难问题可以使用"我要提问"进行悬赏积分提问。
- **反馈**：考生对有疑问的题目进行错误反馈，老师会在第一时间对题目进行校验。
- **笔记**：在学习过程中记录重点难点题目，方便日后学习。

4. 熟题重温

在其他模块中做对的题目都会进入"熟题重温"中，帮助考生分出已经掌握的题目，节省复习时间。

5. 机编模拟

分为易、中、难三个梯度，考生可以结合自身对知识点掌握的熟练程度自主选择。易，模拟试卷的题目源于"熟题重温"；中，模拟试卷的题目源于"热题研习"；难，模拟试卷的题目源于"错题重做"，所有试卷都是随机生成。此模块可以帮助考生快速查缺补漏。

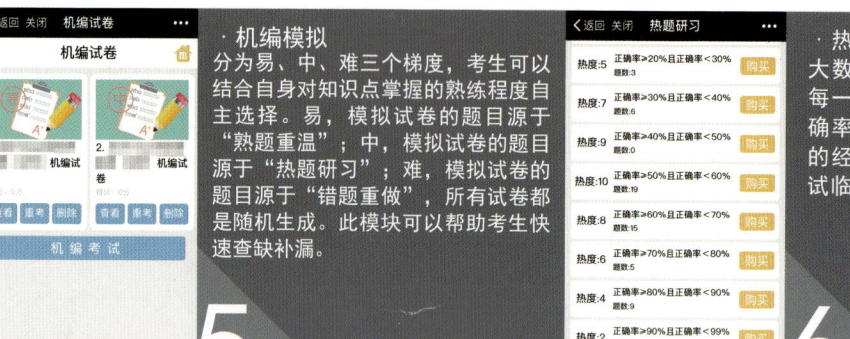

6. 热题研习

大数据筛选，根据所有考生答题情况对每一道题目进行正确率统计，并按照正确率进行热度划分，考生可以借助他人的经验筛选题目，此模块特别适用于考试临近而又没有时间复习的考生。

7. 错题重做

在"新题练习"、"热题研习"、"熟题重温"中做错的题目会进入到这个模块，所有错题按照时间倒序显示，距离当前时间越久越先显示，并且同一道错题需要连续做对三次才能进入到"熟题重温"中，错题的抗遗忘曲线法帮助考生真正掌握每一个考点。

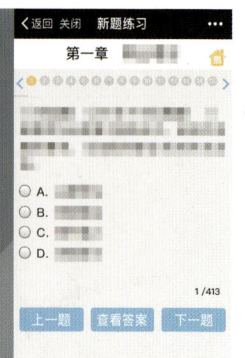

8. 典型试卷

"典型试卷"是由全国资格认证考试热题库编委会精心编写的冲刺试卷，帮助考生在考前冲刺使用，此模块的重要性不言自明。

9. 个人中心

点击头像进入个人中心，在个人中心详细展示考生复习情况，根据考生学习进度及学习成果生成评估报告，并且可以根据做题量及正确率进行平台排名，促进考生学习欲望。日志、排行榜、复习进度、评估报告从不同角度记录考生学习进度，帮助考生直观地了解复习情况。对于有疑问的问题和重点问题可以选择笔记记录或者使用积分悬赏进行提问；有能力的考生也可以对其他考生的提问进行解答，赚取积分的同时增强考生之间的互动性。

10. 功能

- **日志**：记录考生每天的复习情况、做题总数、错题总数、正确率，方便考生安排复习计划。
- **排行榜**：对所有参加考试的考生答题情况进行排名，知己知彼百战不殆。
- **复习进度**：把每科考试按照章节划分查漏补缺，哪里没学学哪里。
- **评估报告**：根据考生做题情况进行图表展示，让考生更直观地了解复习情况。
- **笔记题目**：重点难点问题反复学习，记录上次学习知识盲点，温故而知新。
- **我的提问**：考生对有疑问的问题进行提问，快速找到解决和学习办法。
- **我的回答**：考生之间的互动，帮助别人的同时加深自己对知识点的理解，同时赚取积分。
- **已购买的热题**：热题快速进入渠道，直接答题告别繁琐。
- **已购买的错题**：错题快速进入渠道，直接答题告别繁琐。
- **已购买的典型试卷**：典型试卷快速进入渠道，直接答题告别繁琐。

全国银行业专业人员职业资格考试热题库

《公司信贷（中级）》模拟试卷（一）

一、**单项选择题**（共80题，每小题0.5分，共40分。以下各小题所给出的四个选项中，只有一项符合题目要求，请选择相应选项，不选、错选均不得分）

1. A公司的部分财务状况如下表（一年按365天计算）：则两年的应收账款周转天数分别为_____，应收账款的变动导致该公司的贷款需求_____。（　　）

	第一年	第二年
销售收入（万元）	2000	2200
销售成本（万元）	1200	1500
应收账款平均余额（万元）	160	280

  A. 29.2天、45.5天；减少　　　　　　B. 29.2天、46.5天；增大
  C. 48.7天、68.1天；减少　　　　　　D. 48.7天、68.1天；增大

2. 还款能力的主要标志就是借款人的（　　）是否充足。
  A. 资产　　　　B. 利润　　　　C. 现金流量　　　　D. 抵押物价值

3. 抵债资产价值确定的原则为（　　）。
  A. 法院裁决确定的价值
  B. 银行充分评估后确认的价值
  C. 任意一方出具的权威评估部门确认的价值
  D. 借款企业出具的发票及现金流量表等会计凭证记载的价值

4. 关于贷款损失准备金的计提原则，下列说法正确的是（　　）。
  A. 根据审慎性原则，要及时将预计到的贷款损失如实地反映在账簿中
  B. 根据及时性原则，银行应在贷款出现内在损失需冲销贷款时才计提准备金
  C. 根据充足性原则，商业银行应保持与当天贷款的内在损失绝对相等的准备金
  D. 在贷款损失实现过程中，银行应在一开始提足损失准备金，并保持此水平

5. 新进入某市场的银行最适合采取的定位策略是（　　）。
  A. 补缺式定位　　B. 追随式定位　　C. 主导式定位　　D. 对抗式定位

6. 关于委托贷款，下列不正确的是（　　）。
  A. 银行是受托人　　　　　　　　　　B. 委托人提供资金
  C. 风险由委托人承担　　　　　　　　D. 银行收取手续费，也承担贷款风险

7. 下列关于厂址选择条件分析的说法，正确的是（　　）。
  A. 是指围绕项目是否符合生产条件所作的分析

B. 建厂地区的选择要综合考虑地理条件、项目方针、当地的基础结构和社会经济环境

C. 应尽量到发达地区选址，发展当地经济

D. 不应依靠原有工业基础

8. 下列准备金中，具有资本性质的是（   ）。
   A. 特别准备金　　　B. 银行资本金　　　C. 专项准备金　　　D. 普通准备金

9. 借款人与银行可在（   ）中约定提前还款有关事宜。
   A. 提前还款时　　　　　　　　　　　　B. 贷款到期日前
   C. 提前还款条款　　　　　　　　　　　D. 提前还款申请书

10. 银行结清、退还押品的程序为（   ）。
    A. 当场清验押品→押品契证资料收据→押品保管员在押品登录卡上注销→借贷双方在押品资料收据上签字
    B. 交验押品契证资料收据→当场清验押品→借贷双方在押品资料收据上签字→押品保管员在押品登录卡上注销
    C. 当场清验押品→交验信贷结清通知书和押品契证资料收据→押品保管员在押品登录卡上注销→借贷双方在押品资料收据上签字
    D. 交验信贷结清通知书和押品契证资料收据→当场清验押品→借贷双方在押品契证资料收据上签字→押品保管员在押品登录卡上注销

11. 我国邮政储蓄银行在经营中为自己确立了"根植城乡、服务大众"的形象，决心立足农村零售业务、发展城市批发业务，此过程属于（   ）。
    A. 营销组合　　　B. 市场定位　　　C. 市场细分　　　D. 目标市场选择

12. 关于申请支付令，以下说法正确的是（   ）。
    A. 债权人请求债务人给付金钱和有价证券，如果债权人和债务人没有其他债务纠纷的，可以向有管辖权的人民法院申请支付令
    B. 债务人应当自收到支付令之日起 10 日内向债权人清偿债务，或者向人民法院提出书面异议
    C. 债务人在收到支付令之日起 20 日内既不提出异议又不履行支付令的，债权人可以向人民法院申请执行
    D. 申请支付令可达到与起诉同样的效果，但申请支付令所需费用和时间远比起诉多

13. 在分析固定资产扩张引起的贷款需求时，（   ）是一个相当有用的指标。
    A. 净利润/净固定资产　　　　　　　　B. 净固定资产/净利润
    C. 净固定资产剩余寿命　　　　　　　D. 销售收入/净固定资产

14. 财务预测审查是对（   ）的审查。
    A. 可行性研究报告财务评价的基础数据　　B. 可行性研究报告
    C. 项目基础数据　　　　　　　　　　　　D. 企业财务报表

15. 银行为了与客户保持长期稳定关系，可以采取（   ）。
    A. 薄利多销定价策略　　　　　　　　B. 关系定价策略

C. 渗透定价策略　　　　　　　　D. 高额定价策略

16. 银行确立贷款意向后，为确信某笔贷款是否必须提交董事会决议，应（　　）。
    A. 认真借阅借款人或担保人公司章程的具体规定
    B. 索要董事会决议书
    C. 再次向公司确认
    D. 索要借款授权书

17. 下列因素中与资金周转周期变动所引起的借款需求最不相关的是（　　）。
    A. 现金周转天数　　　　　　　　B. 存货周转天数
    C. 应收账款周转天数　　　　　　D. 应付账款周转天数

18. B公司欠银行贷款本金1000万元，利息120万元。经协商双方同意以该公司事先抵押给银行的闲置的机器设备1200万元（评估价）抵偿贷款本息。银行对该笔抵债资产的处理是（　　）。
    A. 1000万元作为贷款本金收回，120万元作为应收利息收回，其差额80万元待抵债资产变现后上缴国库
    B. 1000万元作为贷款本金收回，120万元作为应收利息收回，其差额80万元待抵债资产变现后退还给贷款人
    C. 1000万元作为贷款本金收回，120万元作为应收利息收回，其差额80万元待抵债资产变现后上交上一级银行
    D. 1000万元作为贷款本金收回，120万元作为应收利息收回，其差额80万元列入保证金科目设专户管理，待抵债资产变现后一并处理

19. 下列做法符合审慎性原则的是（　　）。
    A. 将未来的收益计入当期　　　　B. 对估计费用就高记载
    C. 对估计利润就高记载　　　　　D. 对估计损失就低记载

20. 下列关于单笔贷款授信额度的说法，不正确的是（　　）。
    A. 被批准于短期贷款，长期循环贷款和其他类型的授信贷款的最高的本金风险敞口额度
    B. 单笔贷款的贷款条件包括收入的使用、最终到期日、还款时间安排、定价、担保等
    C. 主要是指用于每个单独批准在一定贷款条件下的贷款授信额度
    D. 经过借贷和还款后，可重复借贷

21. 常用的信贷授权形式分类不包括（　　）。
    A. 按行业　　　　　　　　　　　B. 按风险评级
    C. 按授信品种　　　　　　　　　D. 按受权机构人数

22. 在推荐的提前还款条款内容中，借款人提前偿还部分本金的，（　　）。
    A. 在提前还款日前45天以书面形式通知银行
    B. 要偿付偿还本金截至到期前一天的相应利息
    C. 其金额应为一期分期还款的金额或其整数倍
    D. 要偿付偿还本金截至到期前一天的相应其他费用

23. 下列对项目可行性研究与贷款项目评估区别的理解，错误的是（   ）。
    A. 项目评估报告主要用于项目报批与贷款申请，项目可行性研究报告主要用于银行贷款决策
    B. 项目可行性研究侧重全面研究，贷款项目评估侧重对所发现或关心问题的研究
    C. 项目可行性研究一般由项目业主发起，贷款项目评估一般由贷款银行发起
    D. 项目评估发生在项目可行性研究之后，比可行性研究更具有权威性

24. 下列选项中，属于项目建设条件分析中外部条件的是（   ）。
    A. 拟建项目的人力条件   B. 拟建项目的物力条件
    C. 拟建项目的财务资源条件   D. 拟建项目的建筑施工条件

25. 下列关于放款执行部门的说法，不正确的是（   ）。
    A. 设立独立的放款执行部门或岗位，可实现对放款环节的专业化和有效控制
    B. 放款执行部门接受中台授信审批部门的直接领导
    C. 放款执行部门负责贷款发放和支付审核
    D. 放款执行部门应独立于前台营销部门

26. 下列关于项目环境条件的说法，错误的是（   ）。
    A. 主要包括项目的建设条件与生产条件
    B. 既有可控制的静态的稳定条件，又有动态的不确定性条件
    C. 银行对其分析时要重点关注不确定因素及相关项目的分析
    D. 仅是对项目生产的自然环境条件、交通运输条件等方面进行分析

27. 商业银行在项目评估中，对项目设备选择是否合理进行的评估属于（   ）。
    A. 银行效益评估   B. 项目技术评估
    C. 项目财务评估   D. 项目建设配套条件评估

28. 下列不属于项目评估的内容的是（   ）。
    A. 项目建设的必要性与建设配套条件评估   B. 项目担保及风险分担
    C. 可行性研究报告   D. 项目技术评估

29. 某家电行业每年平均有 3 亿人购买家电，每人每年平均购买 1.5 台，平均每台的价格为 2000 元，则该家电的总市场潜量为（   ）。
    A. 9000 亿元   B. 6000 亿元   C. 4.5 亿台   D. 3 亿人

30. 下列财务指标中，（   ）不能直接反映项目的清偿能力。
    A. 总资产周转率   B. 资产负债率   C. 贷款偿还期   D. 流动比率

31. 银行信贷专员张国在运用相关指标对 B 区域风险状况进行分析时，发现该区域的信贷资产相对不良率小于 1、不良率变幅为负、贷款实际收益率较高，如果张国仅以上述信息判断，该区域风险（   ）。
    A. 较小，可发展信贷业务
    B. 较大，不适合发展信贷业务
    C. 根据第一项指标判断，信贷资产质量较差，区域风险较大；以第二、三项判断，信贷区域风险较小
    D. 根据前两项指标判断，信贷资产质量较差，导致区域风险较大；以第三项判断，

盈利性较高,区域风险较小

32. 下列有关项目现金流量分析的表述,错误的是( )。
    A. 全部投资现金流量表可以计算全部投资的内部收益率、净现值、投资回收期等指标
    B. 在计算现金流量时,固定资产折旧,无形资产和递延资产摊销都不能作为现金流出
    C. 全部投资、自有资金的现金流量表由于计算基础不同,应根据计算基础判断哪些应作为其现金流入和流出
    D. 项目生产经营期间所支付的利息应计入产品总成本中,在编制全部投资现金流量表时,利息支出应作为现金流出

33. 商业银行对客户销售阶段应重点调查的方面不包括( )。
    A. 目标客户   B. 销售渠道   C. 进货渠道   D. 收款条件

34. 银行对项目环境条件分析时,( )不属于项目建设条件中的运输条件分析的内容。
    A. 厂内、厂外的运输方式和设备   B. 装、卸、运、储环节的能力
    C. 各类物资运输量和运输距离   D. 厂址选择条件

35. 将各个方案的经济效益或成本进行比较,选取经济效益最高或成本最低的方案,这种项目规模评估方法称为( )。
    A. 效益成本评比法   B. 决策树分析法
    C. 多因素评比法   D. 数学规划法

36. 我国现行的工商税收政策,房产税应( )。
    A. 从销售收入中扣除   B. 进入项目总投资
    C. 从利润中扣除   D. 进入产品成本

37. 如果当期应收账款减少,即收回上一期的应收账款_____本期产生的应收账款,销售所得现金就会_____销售收入。( )
    A. 大于;大于   B. 大于;小于   C. 小于;大于   D. 小于;小于

38. 在贷款项目评估中,效益成本评比法不包括( )。
    A. 盈亏平衡点比较法   B. 最低成本分析法
    C. 净现值比较法   D. 决策树分析法

39. C企业的利息费用为200万元,税前利润为600万元,则该企业的利息保障倍数为( )。
    A. 4   B. 3   C. 0.33   D. 0.25

40. 下列关于项目评价的说法,正确的是( )。
    A. 财务内部收益率为23.95%,项目基准收益率为25.35%,则项目可以接受
    B. 投资回收期为3.5年,基准投资回收期为3.9年,则该项目能在规定的时间内收回投资
    C. A项目的净现值率为2.38,B项目的净现值率为2.67,则应该选择A项目进行投资

D. 财务净现值为 -3.55,则项目的获利能力超过基准收益率

41. 抵押贷款中,在认定抵押物时,除核对抵押物的所有权,还应验证董事会或职工代表大会同意的证明的企业形式为(   )。
    A. 集体所有制企业或股份制企业   B. 实行租赁经营责任制的企业
    C. 全民所有制企业   D. 事业单位法人

42. 下列有关项目清偿能力的表述,错误的是(   )。
    A. 分析项目还款能力时,除了进行还款指标计算外,还必须把项目的还款资金来源分析作为评估的重点
    B. 流动比率反映了企业的短期偿债能力,一般情况下应与速动比率结合来综合分析项目的短期清偿能力
    C. 项目的速动资产包括货币资金、短期投资、应收票据、应收账款、其他应收款项等
    D. 项目的流动比率高,则其速动比率也一定很高

43. 客户信用等级和客户评价报告的有效期内,对发生影响客户资信的重大事项,商业银行应重新进行授信分析评价。重大事项不包括(   )。
    A. 外部政策变动
    B. 担保方式发生变化
    C. 客户的担保超过所设定的担保警戒线
    D. 客户组织结构、股权或主要领导人发生变动

44. 勘察设计咨询费用属于项目总投资中的(   )。
    A. 工程其他费用   B. 流动资金   C. 工程费用   D. 预备费

45. 下列各项中,不能单独作为一般准备金的计提基数的是(   )。
    A. 全部贷款扣除已提取专项准备金的余额   B. 全部贷款余额
    C. 非正常类贷款   D. 正常类贷款

46. 在项目评估的现金流量分析中,全部投资现金流量表以全部投资作为计算的基础,_____不作为现金流入,_____和_____不作为现金流出。(   )
    A. 借款利息;借款;本金的偿还   B. 资产;借款利息;本金的偿还
    C. 本金的偿还;借款利息;借款   D. 借款;借款利息;本金的偿还

47. 一般情况下,商业银行进行还款可能性分析的主要内容一般不包括(   )。
    A. 非财务因素分析   B. 还款能力分析
    C. 担保状况分析   D. 贷款品种分析

48. 在贷款项目环境条件分析中,银行对项目环境保护的治理方案进行审查的内容不包括(   )。
    A. 设计任务书中的治理技术是否合理可靠
    B. 经治理的各种污染物的排放量是否低于国家环境部门规定的标准
    C. 对投入物、燃料和原材料的使用是否安排了处理措施,是否采取了治理措施
    D. 在总投资中是否包括了环保工程的相关投资,是否单独列项,来源有无保证

49. 根据《固定资产贷款管理暂行办法》规定,贷款人应要求借款人在合同中对与贷款

相关的重要内容作出承诺,承诺内容不包括（　　）。
  A. 实质性增加债务融资等重大事项前征得贷款人同意
  B. 及时向贷款人提供完整、真实、有效的材料
  C. 及时提取贷款并适当转化为银行存款
  D. 配合贷款人对贷款的相关检查

50. 下列关于项目盈利能力分析表述错误的是（　　）。
  A. 项目投资回收期小于基准投资回收期时,表明该项目能在规定时间内收回投资
  B. 财务净现值大于零,表明项目的获利能力超过基准收益率或设定收益率
  C. 计算项目财务净现值时,设定的折现率越高,财务净现值越高
  D. 净现值率越大,项目的效益就越好

51. 某公司以上市公司法人股权质押作为贷款担保,则应该以下列哪种价格作为质押品的公允价格?（　　）
  A. 以公司最近的财务报告为基础,测算公司未来现金流入的现值,所估算的上市公司法人股权的价值3000万元
  B. 公司最近一期经审计的财务报告中所写明的上市公司法人股权的净资产价格2500万
  C. 公司正处于重组过程中,交易双方关于上市公司法人股权最新的谈判价格为2800万元
  D. 贷款日该上市公司法人股权市值2600万元

52. 银行对项目进行产品技术方案分析不包括分析产品的（　　）。
  A. 规格   B. 质量   C. 价格   D. 技术性能

53. 贷款人分析项目还款资金来源的主要内容不包括（　　）。
  A. 流动资产中的结构如何
  B. 项目有哪些还款资金来源
  C. 各种还款资金来源的可靠性如何
  D. 项目本身的利润是否已按规定提取了公积金和公益金后再用来还款

54. 属于项目建设条件分析中外部条件的是,其内部收益率（　　）。
  A. 一定大于设定折现率   B. 可能等于设定折现率
  C. 可能小于零   D. 一定等于零

55. 对于质押贷款业务,商业银行对于用于质押的存款没有办理内部冻结手续,这种风险属于（　　）。
  A. 虚假质押风险   B. 操作风险   C. 经济风险   D. 司法风险

56. 决定贷款能否偿还的最主要因素是（　　）。
  A. 担保人资金实力   B. 贷款人的还款能力
  C. 贷款人的信用等级   D. 贷款人的现金流情况正常

57. 借款企业的所有授信额的总和称为（　　）。
  A. 借款企业授信额度   B. 单笔借款授信额度
  C. 集团成员借款额度   D. 集团借款额度

58. D 企业外购一项固定资产,购买价格 100 万元,支付的运输费 5 万元,保险费 3 万元,发生的安装成本 2 万元,并缴纳税金 5 万元。则该固定资产的入账原值为( )。
    A. 100 万元   B. 108 万元   C. 110 万元   D. 115 万元

59. 对行业成熟度四阶段特点的描述不正确的是( )。
    A. 衰退阶段,销售量平稳或快速下降,利润由正变负,现金流减小
    B. 成熟阶段,销售量增长放缓,利润为最大化,现金流为正值
    C. 成长阶段,销售量大幅增长,利润为负值,现金流为正值
    D. 启动阶段,销售量很小,利润为负值,现金流为负值

60. 在贯彻效益性原则时,要处理好投资项目的财务效益和国民经济效益的关系。下列说法中错误的是( )。
    A. 财务效益差,而国民经济效益好的项目,属于经济上合理的项目
    B. 财务效益差,而国民经济效益好的项目,属于经济上不合理的项目
    C. 财务效益好,而国民经济效益不好的项目,属于经济上不合理的项目
    D. 财务效益和国民经济效益都不好的项目,属于经济上完全不合理的项目

61. 在贷款宽限期内,下列选项正确的是( )。
    A. 借款人只偿还利息或本息都不用偿还   B. 借款人要归还本息
    C. 借款人只需还本   D. 银行不计息

62. 主要从项目发起人和项目本身着手的项目分析属于( )。
    A. 项目企业分析   B. 项目可行性分析
    C. 项目宏观背景分析   D. 项目微观背景分析

63. 市场需求预测分析是对项目投产后( )进行分析和判断。
    A. 生产产品的适用性   B. 生产产品的销路
    C. 项目适用性   D. 项目效益

64. 下列有关客户经营管理状况分析的表述,错误的是( )。
    A. 市场阶段的核心是管理   B. 销售阶段的核心是市场
    C. 生产阶段的核心是技术   D. 供应阶段的核心是进货

65. 银行通过分析项目的生产规模,可了解项目是否实现了( ),进而了解项目的经济效益状况,为贷款决策提供依据。
    A. 市场主导地位   B. 批量化生产   C. 垄断优势   D. 规模经济

66. 商业银行信贷人员在受理客户借款申请后,初次面谈了解客户贷款需求状况时,除贷款背景、贷款规模、贷款条件外,还必须了解( )。
    A. 贷款汇率   B. 宏观政策   C. 贷款用途   D. 经济走势

67. 设备的技术寿命是指设备从开始使用至( )所经历的时间。
    A. 设备完全折旧   B. 设备使用费超过预算
    C. 设备因技术落后而被淘汰   D. 设备因物理、化学作用报废

68. 关于资产负债表的分析,下列说法错误的是( )。
    A. 在分析资产负债表时,一定要注意借款人的资产结构是否合理,是否与同行业

的比例大致相同
B. 合理的资金结构不仅要从总额上满足经营活动需要，并且资金的搭配也要适当
C. 客户的长期资金是由所有者权益和长期负债构成的
D. 借款人的资金结构应与固定资产周转率相适应

69. 围绕项目的组织机构设置，对组织机构所作出的企业组织是否合理和有效进行的综合分析评价称为（ ）。
    A. 人力资源评估   B. 组织机构评估
    C. 组织和管理评估   D. 项目生产条件评估

70. 测算固定资产贷款需求量时，基本预备费一般按（ ）测算。
    A. 固定资产投资中工程费用和其他费用之和的10%，并按10%物价指数调整
    B. 固定资产投资中工程费用和其他费用之和的10%
    C. 固定资产投资中工程费用和其他费用之和
    D. 固定资产投资中工程费用

71. 下列关于项目协作机构分析的说法，错误的是（ ）。
    A. 分析与项目有关的国家机构时，应着重对国家机构制定有关政策的能力及政策的正确与否、各部门机构在政策上的协调性进行分析
    B. 与项目有关的协作机构主要包含国家计划部门和主管部门、地方政府机构、业务往来单位三个层次
    C. 应考察与项目有关的协作单位机构是否健全，规章制度是否完整以及工作能力如何
    D. 应根据需要设置和调整地方机构，加强对项目的基层管理

72. （ ）是未来可能损失的预期值。
    A. 贷款   B. 抵押   C. 拨备   D. 资本

73. 将各个生产环节的流动资金相加得到项目总流动资金需用额，再减去流动负债得到项目所需流动资金的方法为（ ）。
    A. 分项详细估算法   B. 资产负债表法
    C. 比例系数法   D. 趋势分析法

74. 相对而言，如果借款人的短期负债小于短期资产，则（ ）。
    A. 长期偿债能力较弱   B. 短期偿债能力较强
    C. 短期偿债能力较弱   D. 长期偿债能力不受影响

75. 无形资产的原值（ ）。
    A. 按市场价确认   B. 按资产评估确认
    C. 按实际发生值计算   D. 按固定资产确定方法确认

76. 现金债务总额比反映的是（ ）。
    A. 企业盈利能力   B. 企业营运能力
    C. 企业长期偿债能力   D. 企业短期偿债能力

77. 下列选项中，（ ）不属于借款合同审查的主要内容。
    A. 贷款利率   B. 保证期间   C. 借款用途   D. 贷款种类

78. 下列有关商业银行贷款发放及审查事项的表述，错误的是（　　）。
    A. 在审查工作中，银行应通过可能的渠道了解借款人是否存在重复使用商务合同骗取不同银行贷款的现象
    B. 商业银行公司业务部门须在借款人的提款额满之后，将借款人应提未提的贷款额度通知借款人
    C. 借款人提款用途通常包括土建费用、工程设备款，购买商品费用，支付劳务费用等
    D. 借款人办理提款、应在提款日前填妥借款凭证，并加盖借款人在银行的预留印鉴

79. （　　）是指贷款人在确认借款人满足贷款合同约定的提款条件后，根据借款人的提款申请和支付委托，将贷款资金通过借款人账户支付给符合合同约定用途的借款人交易对象。
    A. 其他支付　　　B. 自主支付　　　C. 受托支付　　　D. 实贷实付

80. 下列不属于贷款发放审查中担保落实情况内容的是（　　）。
    A. 抵（质）押物保险金额是否覆盖信贷业务金额
    B. 担保人的担保资料是否完整、合规、有效
    C. 是否可以事后补办抵（质）押登记
    D. 是否已按要求进行核保

二、多项选择题（共30题，每小题1分，共30分。以下各小题所给出的五个选项中，只有两项或两项以上符合题目要求，请选择相应选项，不选、错选均不得分）

1. 按表内业务和表外业务划分，公司信贷可分为（　　）。
    A. 信用贷款　　　　　　　　B. 票据贴现
    C. 信用证　　　　　　　　　D. 承兑
    E. 贷款

2. 与实行新税制前相比，现行基本报表最大的特点有（　　）。
    A. 销售收入中不含增值税的销项税　　B. 销售税金中不含增值税
    C. 销售税金中不含消费税　　　　　　D. 销售收入中不含营业税
    E. 总成本中不含进项税

3. 商业银行在对项目产品进行市场需求预测分析时，需求预测的内容应包括（　　）。
    A. 产品特征　　　　　　　　B. 行业的实际销售额
    C. 公司的市场占有率　　　　D. 区域市场潜在需求量
    E. 总的市场潜在的需求量

4. 在计算国别风险时，一般都采用风险因素加权打分方法，其缺点包括（　　）。
    A. 无法量化风险　　　　　　B. 计算过程过于简单
    C. 评价结果可能不一致　　　D. 受主观影响比较大
    E. 可将不同国别风险进行比较

5. 银行对贷款项目的工程设计方案评估的内容主要包括（   ）。
   A. 总平面布置方案分析
   B. 主要工程设计方案分析
   C. 选择的设备具有较高的经济性
   D. 产业基础和生产技术水平的协调性
   E. 拟建项目的主要产品和副产品所采用的质量标准是否符合要求
6. 商业银行贷款安全性调查的内容包括（   ）。
   A. 对借款人提出的财务报表的真实性进行审查
   B. 对借款人对外股本权益性投资情况进行调查
   C. 对借款人生产计划的制定情况进行认定
   D. 对借款人在他行借款的利率进行调查
   E. 对抵押物的价值评估情况做出调查
7. 在项目评估中，商业银行对项目投资估算与资金筹措评估的内容包括（   ）。
   A. 项目投资估算是否合理
   B. 项目设备选择是否合理
   C. 项目的盈利能力和清偿能力
   D. 项目总投资及构成的合理性
   E. 各项投资来源的落实情况及项目资本金的到位情况
8. 商业银行在开展质押贷款中，不能接受作为质押财产的有（   ）。
   A. 某工商行政管理局新购进的一批办公用电脑
   B. 某家具公司新购进的一批木材
   C. 公司珍藏的名人字画
   D. 项目特许经营权
   E. 仓单、提单
9. 商业银行在对贷款项目的技术及工艺流程分析中，对项目的产品技术方案进行分析的内容包括（   ）。
   A. 拟建项目的主要产品和副产品所采用的质量标准是否符合要求
   B. 产业基础和生产技术水平的协调性
   C. 工艺技术的先进性和成熟性
   D. 设备的生产能力和工艺要求
   E. 产品方案和市场需求状况
10. 下列情况中会提高企业净利润率的有（   ）。
    A. 财务费用的减少　　　　　　B. 管理费用的减少
    C. 货币资金的减少　　　　　　D. 所得税的减少
    E. 存货的减少
11. 下列关于企业信用度的分析，正确的有（   ）。
    A. 主要对企业管理人员素质、企业借贷信用评估
    B. 企业借贷信用主要通过贷款按期偿还率、还本付息率等指标来评价

C. 经济合同履约信用主要通过经济合同履约率评价
D. 产品信誉评价主要评价企业产品的优质率和合格率、市场竞争力、市场占有率等
E. 企业管理水平主要通过管理人员的业务素质评价

12. 企业的财务风险主要体现在（　　）。
    A. 应收账款异常增加
    B. 长期负债大量增加
    C. 企业不能按期支付银行贷款本息
    D. 对存货、生产和销售的控制力下降
    E. 银行账户混乱，到期票据无力支付

13. 项目财务评估主要包括（　　）。
    A. 项目不确定性评估
    B. 项目基础财务数据评估
    C. 项目所需资金落实情况评估
    D. 项目投资估算与资金筹措评估
    E. 项目的盈利能力和清偿能力评估

14. 项目经营期检查应重点关注的内容包括（　　）。
    A. 项目所在行业风险情况
    B. 项目生产数据和技术指标是否达到预定标准
    C. 项目的建设、技术、市场条件是否发生变化
    D. 借款人整体现金流是否正常
    E. 项目生产经营及市场销售是否正常

15. 下列属于判断投资理由是否充分的内容有（　　）。
    A. 能否扩大生产规模
    B. 能否填补本地区的空白
    C. 能否更充分地利用资源
    D. 能否增加加工产品的附加值
    E. 能否增加进口或可替代进口

16. 反映借款人长期偿债能力的指标主要有（　　）。
    A. 流动比率
    B. 资产负债率
    C. 利息保障倍数
    D. 负债与所有者权益比率
    E. 负债与有形净资产比率

17. 评价项目经营管理能力，重点分析（　　）层面。
    A. 社会购买力
    B. 营销策略
    C. 治理机制
    D. 目标市场
    E. 市场需求

18. 根据《项目融资业务指引》的规定，贷款人从事项目融资业务时，重点应从（　　）等方面评估项目风险。
    A. 股东支持项目的意愿及能力
    B. 还款来源可靠性
    C. 项目技术可行性
    D. 项目资金来源
    E. 财务可行性

19. 确定项目规模应坚持（　　）的原则。
    A. 自主性
    B. 量力而行
    C. 实事求是
    D. 信号传递
    E. 比较优势

20. 银行信贷人员对借款项目的原辅助材料供给分析主要包括（   ）。
    A. 分析和评价原辅料的生产条件
    B. 分析和评价原辅助材料的存储设施条件
    C. 分析和评价原辅助材料供应数量能否满足项目的要求
    D. 分析和评价原辅助材料的质量是否符合生产工艺的要求
    E. 分析和评价原辅助材料的价格、运费及其变动趋势对项目产品成本的影响

21. 对于资本充足、劳动力稀缺的发达地区，选择（   ）的工艺方案较经济合理。
    A. 生态环保   B. 自动化水平高
    C. 机械化水平高   D. 技术可靠性高
    E. 实施可行性高

22. 根据《项目融资业务指引》的规定，项目融资是指符合（   ）特征的贷款。
    A. 贷款用途通常是用于建造一个或一组大型生产装置、基础设施、房地产项目或其他项目
    B. 借款人通常是为建设、经营该项目或为该项目融资而专门组建的企事业法人
    C. 还款资金来源主要依赖该项目产生的销售收入、补贴收入或其他收入
    D. 借款人包括主要从事项目建设、经营或融资的既有企事业法人
    E. 专指对在建项目的再融资

23. 下列属于项目生产条件分析内容的有（   ）。
    A. 燃料及动力供应条件   B. 原材料供应条件
    C. 厂址选择条件   D. 财务资源条件
    E. 资源条件

24. 借款需求分析对银行的意义在于（   ）。
    A. 帮助银行增加盈利   B. 确定贷款总供给量
    C. 帮助银行有效地评估风险   D. 为公司提供融资方面的合理建议
    E. 帮助银行确定合理的贷款结构与贷款利率

25. 对项目成本进行审查时，应（   ）。
    A. 审查外购投入物所支付的进项税是否单列
    B. 审查外购投入物是否按照实际买价计算成本
    C. 审查自制投入物是否按照制造过程中发生的实际支出计算成本
    D. 审查项目是否按企业财务通则与企业会计准则的有关规定核算项目生产经营成本
    E. 重点审查成本计算中原辅材料、包装物、燃料动力的单耗、单价的取值是否有理、有据

26. 公司信贷的国别风险表现为（   ）。
    A. 利率风险   B. 汇率风险
    C. 清算风险   D. 区域风险
    E. 行业风险

27. 企业管理风险主要体现在（   ）。

A. 借款人的主要股东、关联企业或母子公司等发生重大的不利变化
B. 管理人员只有财务专长而没有综合能力，导致经营计划搁置
C. 高级管理人员同时关注短期和长期利润
D. 高级管理层不团结，出现内部矛盾
E. 企业人员更新过快或员工不足

28. "固定资产使用率"指标存在的不足包括（　　）。
A. 折旧并不意味着用光，就公司而言，使用完全折旧但未报废的机械设备是很正常的
B. 固定资产使用价值会因折旧会计政策的变化和经营租赁的使用而被错误理解
C. 为了提高生产力，公司可能在设备完全折旧之前就重置资产
D. 固定资产基础可能相对较新，但有些资产可能仍需重置
E. 未能反映固定资产的折旧程度

29. 贷款风险预警的程序包括（　　）。
A. 后评价　　　　　　　　　B. 风险分析
C. 停止放款　　　　　　　　D. 风险处置
E. 信用信息的收集与传递

30. 项目盈利能力指标主要包括（　　）。
A. 财务内部收益率　　　　　B. 总资产周转率
C. 财务净现值　　　　　　　D. 投资回收期
E. 净现值率

三、判断题（共10题，每小题1分，共10分。请判断以下各小题的对错，正确的用"A"表示，错误的用"B"表示。）

1. 只有执行了审慎的贷款分类制度，才能计提充足的贷款损失准备金。（　　）
2. 应收账款融资模式，一般是指以中小企业对供应链上核心大企业的应收账款单据凭证作为担保，向商业银行申请期限不超过应收账款账龄的中长期贷款，由银行向处于供应链上游的中小企业提供融资的方式。（　　）
3. 流动比率并非越高越好。流动比率越高，说明流动资产相对于流动负债太多，可能是存货积压，也可能是持有现金太多，或者两者兼而有之。（　　）
4. 对银行而言，项目可行性研究比贷款项目评估更具有权威性。（　　）
5. 在采用风险加权打分的方法对国别风险进行衡量时，由于风险因素设置不同和赋予权重的差异，可能导致对同一个国家评价的结果大相径庭。（　　）
6. 贷款原则上可以用于借款的资本金、股本金和企业其他需自等资金的融资。（　　）
7. 企业投资活动产生的现金流量来源于有价证券、固定资产、无形资产、长期负债以及长期投资等账户的变化，增加引起现金流入，减少引起现金流出。（　　）
8. 审慎合规地确定贷款资金在借款人账户的停留时间和金额是贷款自主支付的操作要点之一。（　　）
9. 商业银行一级贷款文件应放在金库或保险箱（柜）中保管，指定双人分别管理钥匙

和密码，双人入、出库，形成存取制约机制。 （   ）

10. 企业法人和事业法人只有经过工商部门的年检并办理年检手续才能够申请办理贷款业务。 （   ）

四、综合题（共20分）

1. X项目建成达产后年固定成本为500000元。单位产品可变成本为80元，单位产品固定成本为10元，单位产品销售税金为15元。该产品单价为120元，企业预计年产5000件。根据以上资料，回答下列问题。

   （1）该项目用实际产量表示的盈亏平衡点为（   ）件。（单项选择题，2分）
   　　A. 25000　　　　B. 20000　　　　C. 15000　　　　D. 12500

   （2）该项目用销售收入表示的盈亏平衡点为（   ）元。（单项选择题，2分）
   　　A. 3000000　　B. 2400000　　C. 1800000　　D. 1500000

2. W公司是一家啤酒生产企业，拥有总资产2000万元，总负债1200万元。总资产中，流动资产1300万元，现金类资产200万元，无形与递延资产150万元，存货800万元，预付账款与待摊费用200万元。总负债中，流动负债500万元。若今年度该企业实现总利润400万元，发生利息费用20万元，适用税率为25%。根据以上资料，回答下列问题。

   （1）W公司的资产负债率为（   ）。（单项选择题，2分）
   　　A. 80%　　　　B. 60%　　　　C. 40%　　　　D. 20%

   （2）W公司的负债与所有者权益比率为（   ）。（单项选择题，2分）
   　　A. 150%　　　B. 110%　　　C. 80%　　　　D. 66.7%

   （3）W公司的负债与有形净资产比率为（   ）。（单项选择题，2分）
   　　A. 266.67%　　B. 184.62%　　C. 150%　　　D. 54.17%

   （4）W公司的利息保障倍数为（   ）。（单项选择题，1分）
   　　A. 23　　　　B. 22　　　　C. 21　　　　D. 20

   （5）W公司的流动比率（   ）。（单项选择题，2分）
   　　A. 偏高　　　　　　　　　　B. 偏低
   　　C. 正常　　　　　　　　　　D. 在行业标准内，但需进一步判断

   （6）W公司的速动比率（   ）。（单项选择题，2分）
   　　A. 偏高　　　　　　　　　　B. 偏低
   　　C. 正常　　　　　　　　　　D. 在行业标准内，但需进一步判断

   （7）W公司的现金比率为（   ）。（单项选择题，1分）
   　　A. 250%　　　B. 60%　　　　C. 80%　　　　D. 40%

3. V公司是一家中型生产企业，公司预计2016年、2017年分别实现销售收入3000万元、3500万元，存货平均余额分别为1000万元、1300万元。根据以上资料，回答下列问题。

   （1）不考虑其他因素时，该公司2017年需补充资金（   ）万元。（单项选择题，2分）

A. 144.8　　　　B. 140.5　　　　C. 136.2　　　　D. 133.3

(2) 若 V 公司 2016 年、2017 年应付账款余额分别为 400 万元、600 万元，则该公司 2017 年（　　）万元。（单项选择题，2 分）

A. 需补充资金 142 万元　　　　　　B. 可释放资金 142 万元
C. 可释放资金 133 万元　　　　　　D. 需补充资金 133 万元

模拟试卷（一）参考答案及解析

一、单项选择题

1.【答案】　B

【解析】第一年应收账款周转天数 = 160÷2000×365 = 29.2（天）；第二年应收账款周转天数 = 280÷2200×365 ≈ 46.5（天），第二年应收账款的周转天数比第一年延长了，这就意味着公司必须从其他渠道获得现金以满足运营中对这部分现金的需求，从而公司的贷款需求增大。

2.【答案】　C

【解析】现金流量是偿还贷款的主要还款来源，还款能力的主要标志就是借款人的现金流量是否充足。在贷款分类中，分析借款人现金流量是否充足，其主要目的是分析借款人经营活动产生的现金流量是否足以偿还贷款本息，通过持续经营所获得的资金是偿还债务最有保障的来源。

3.【答案】　A

【解析】商业银行在取得抵（质）押品及其他以物抵贷财产后，要按以下原则确定其价值：①借、贷双方的协商议定价值；②借、贷双方共同认可的权威评估部门评估确认的价值；③法院裁决确定的价值。

4.【答案】　A

【解析】B 项，根据及时性原则，银行应在估计到贷款可能存在内在损失、贷款的实际价值可能减少时就计提准备金；C 项，根据充足性原则，商业银行应随时保持足够弥补贷款内在损失的准备金，并非要求商行所保持的准备金水平都与其当天贷款的内在损失绝对相等；D 项，贷款损失的实现是一个渐进的过程，商业银行应在这一过程中，按照及时性和充足性原则，针对不同期间对贷款内在损失数量的估价，提足准备金。

5.【答案】　B

【解析】某商业银行可能由于某种原因，如刚刚开始经营，刚刚进入市场，资产规模中等，分支机构不多，没有能力向主导型的银行进行强有力的冲击和竞争，这类银行往往采用追随方式效仿主导银行的营销手段。

6.【答案】　D

【解析】委托贷款是指政府部门、企事业单位及个人等委托人提供资金，由银行（受托人）根据委托人确定的贷款对象、用途、金额、期限、利率等代为发放、监督使用并协助收回的贷款。委托贷款的风险由委托人承担，银行（受托人）只收取手续费，不承担贷款风险，不代垫资金。

7. 【答案】 B

【解析】A 项，厂址选择条件分析是指围绕项目是否符合有关厂址选择的条件所作出的综合分析；CD 两项，建厂地区的选择要综合考虑地理条件、项目方针、当地的基础结构和社会经济环境，并充分利用原有的工业基础。

8. 【答案】 D

【解析】普通损失准备金是弥补贷款组合损失的一种总准备。普通损失准备金所针对的贷款内在损失是不确定的，这种内在损失可能存在，也可能不存在，还有可能部分存在，但目前无法认定。因此，普通贷款损失准备金在一定程度上具有资本的性质，可以一定程度上用于弥补银行的未来损失。

9. 【答案】 C

【解析】企业与银行可在贷款协议的提前还款条款中约定提前还款的条件、必要手续。这样当约定的条件实现时，企业即可按约定提前还款。否则，只有在出现提前还款需求时，与银行临时协商，征得银行同意后方可提前还款。

10. 【答案】 D

【解析】贷款结清时，借款企业、业务经办人员和押品保管员三方共同办理押品的退还手续。其程序如下：由业务经办人员会同借款企业向押品保管员交验信贷结清通知书和押品契证资料收据并当场清验押品后，借贷双方在押品契证资料收据上签字，由押品保管员在押品登录卡上注销。

11. 【答案】 B

【解析】市场定位，是指商业银行设计并确定自身形象，决定向客户提供何种信贷产品的行为过程，目的是让客户能够更加了解和喜欢银行所代表的内涵，在客户心目中留下别具一格的银行形象和值得建立信贷关系的印象。

12. 【答案】 A

【解析】B 项，债务人应当自收到支付令之日起 15 日内向债权人清偿债务，或者向人民法院提出书面异议；C 项，债务人在收到支付令之日起 15 日内既不提出异议又不履行支付令的，债权人可以向人民法院申请执行；D 项，如果借款企业对于债务本身并无争议，而仅仅由于支付能力不足而未能及时归还的贷款，申请支付令可达到与起诉同样的效果，但申请支付令所需费用和时间远比起诉少。

13. 【答案】 D

【解析】通过分析销售和净固定资产的发展趋势，银行可初步了解公司的未来发展计划和设备扩张需求间的关系，此时销售收入/净固定资产比率就是一个相当有用的指标。通常来讲，如果该指标较高或不断增长，则说明固定资产的使用效率较高。但当其超过一定比率之后，生产能力与销售增长就变得相当困难了，此时销售增长所要求的固定资产扩张便可成为企业借款的合理理由。

14. 【答案】 A

【解析】财务预测的审查是对项目可行性研究报告财务评价的基础数据的审查，是项目财务分析的基础性工作。

15. 【答案】 B

【解析】关系定价策略就是把一揽子服务打包定价，对很多服务项目给予价格优惠，从而吸引客户，从客户其他的业务中获得补贴。银行采用这种策略可以保持与客户的长期稳定关系，客户享受的服务越全面、种类越多，他们对银行的依赖程度就越高。

16. 【答案】 A

【解析】根据《贷款通则》的规定，银行确立贷款意向，收到企业提供的资料后，应认真借阅借款人或担保人公司章程的具体规定，以确信该笔贷款是否必须提交董事会决议。

17. 【答案】 A

【解析】资金周转周期的延长引起的借款需求与应收账款周转天数、存货周转天数和应付账款周转天数有关。第二年资金周转周期的延长表明借款需求可能与其中的一个或几个因素有关。

18. 【答案】 D

【解析】商业银行在取得抵债资产时，要同时冲减贷款本金与应收利息。抵债资产的计价价值高于贷款本金与应收利息之和时，其差额列入保证金科目设专户管理，待抵债资产变现后一并处理。

19. 【答案】 B

【解析】按照审慎会计原则，当记载和反映估计性会计事项时，如面临高和低两种可能的选择，对估计损失的记载应选择就高不就低，对利润的记载和反映要选择就低而不就高。要及时将估计的损失如实地反映在账簿中，对利润的记载和反映要选择保守的数据，不能低估损失和高估利润，不能提前使用未来的收益。

20. 【答案】 D

【解析】单笔贷款授信额度主要指用于每个单独批准在一定贷款条件（收入的使用、最终到期日、还款时间安排、定价、担保等）下的贷款授信额度。根据贷款结构，单笔贷款授信额度适用于：①被指定发放的贷款本金额度，一旦经过借贷和还款后，就不能再被重复借贷；②被批准于短期贷款、长期循环贷款和其他类型的授信贷款的最高的本金风险敞口额度。

21. 【答案】 D

【解析】常用的授权形式有以下几种：①按受权人划分；②按授信品种划分，可按风险高低进行授权；③按担保方式授权，根据担保对风险的缓释作用，对采用不同担保方式的授信业务分别授予不同的权限；④按客户风险评级授权，根据银行信用评级政策，对不同信用等级的客户分别授予受权人不同的权限；⑤按行业进行授权，根据银行信贷行业投向政策，对不同的行业分别授予不同的权限。

22. 【答案】 C

【解析】借款人可以提前偿还全部或部分本金，如果偿还部分本金，其金额应等于一期分期还款的金额或应为一期分期还款的整数倍，并同时偿付截至该提前还款日前一天（含该日）所发生的相应利息。以及应付的其他相应费用。

23. 【答案】 A

【解析】A项，项目可行性研究报告是项目业主进行投资决策、报批项目和申请贷款的必备材料，除用来判断项目可行性外，主要是用于项目报批和贷款申请。项目评估报告是项

· 18 ·

目审批部门或贷款决策部门进行最终决策的依据,因而项目评估报告是为项目审批和贷款决策服务的。

24. 【答案】 D

【解析】拟建项目的建设条件包括项目自身的内部条件和客观存在的外部条件。内部条件是指拟建项目的人力、物力、财务资源条件;外部条件是指建筑施工条件、相关项目的协作配套条件以及国家规定的环境保护条件。

25. 【答案】 B

【解析】根据《固定资产贷款管理暂行办法》第二十一条,贷款人应设立独立的责任部门或岗位,即放款执行部门,负责贷款发放和支付审核。它首先应独立于前台营销部门,其次还应独立于中台授信审批部门。设立独立的放款执行部门或岗位,可实现对放款环节的专业化和有效控制。

26. 【答案】 D

【解析】项目环境条件分析是对拟建项目的人力、物力、财力等资源,以及相关协作配套项目和环境保护工作等方面进行审查分析,并且在此基础上对厂址选择、总体方案、项目工程进度安排的合理性及是否符合国家有关部门的规定和要求等作出定性结论和提出建议,分析项目的环境条件是否对项目的顺利发展提供了有力的保障。

27. 【答案】 B

【解析】项目技术评估包括:①项目所采用的技术是否先进、适用、合理、协调,是否与项目其他条件相配套;②项目设备选择是否合理;③所采用的设备能否与生产工艺、资源条件及项目单位的工人技术水平和管理者的管理水平相协调;④引进设备的必要性,引进设备后对国外配件、维修材料、辅料的依赖程度和解决途径;⑤引进设备与国内设备能否相协调。

28. 【答案】 C

【解析】项目评估的内容主要有:①项目建设的必要性评估;②项目建设配套条件评估;③项目技术评估;④借款人及项目股东情况;⑤项目财务评估;⑥项目担保及风险分担;⑦项目融资方案;⑧银行效益评估。

29. 【答案】 A

【解析】总市场潜量可表示为:$Q=npq$,其中,Q 为总市场潜量,n 为给定条件下特定产品或市场中的购买者的数量,p 为单位产品价格,q 为购买者的平均购买量。则该家电企业的总市场潜量为:$Q=3$ 亿 $\times 2000$ 元/台 $\times 1.5$ 台 $=9000$ 亿元。

30. 【答案】 A

【解析】清偿能力的分析可以通过以下指标进行:①资产负债率;②贷款偿还期;③速动比率;④流动比率。

31. 【答案】 A

【解析】信贷资产相对不良率小于1时,表明该区域信贷风险低于银行一般水平,因而区域风险相对较低;不良率变幅为负时,表明该区域不良资产率在下降,区域风险下降;贷款实际收益率较高,表明该区域信贷业务能创造较大的价值,区域风险相对较低。综合起来,以上三个指标都表明该区域的风险较小,因而可发展信贷业务。

32. 【答案】 D

【解析】D项，项目生产经营期间所支付的利息应计入产品总成本中，但在编制全部投资现金流量表时，全部投资都假设为自有资金，以全部投资为计算基础，利息支出不作为现金支出，而在编制自有资金现金流量表时，借款利息应作为现金流出。

33. 【答案】 C

【解析】销售阶段的核心是市场，这包括销售给谁，怎样销售，以什么条件销售等内容。信贷人员应重点调查以下方面：①目标客户；②销售渠道，分直接销售和间接销售；③收款条件，收款条件主要包括预收货款、现货交易和赊账销售三种。

34. 【答案】 D

【解析】运输条件包括厂内、厂外的运输方式和设备；装、卸、运、储环节的能力；各类物资运输量和运输距离。运输条件分析就是要分析运输方式的选择是否合理、运输设备是否安全可靠、运输环节是否连续协调，以及运输距离是否经济合理等。

35. 【答案】 A

【解析】效益成本评比法主要是将各方案的经济效益或成本进行比较，选取经济效益最高或成本最低的方案。这类评比的具体方法有：盈亏平衡点比较法、净现值比较法和最低成本分析法。

36. 【答案】 D

【解析】我国现行的工商税收与项目评估有关的按其归属分类有：进入项目总投资的有投资方向调节税、设备进口环节所交的增值税和关税；进入产品成本的有土地使用税、房产税、车船牌照使用税；从销售收入中扣除的有增值税、消费税、营业税、资源税、城市维护建设税、土地增值税、教育费附加；从利润中扣除的有企业所得税。

37. 【答案】 A

【解析】当期应收账款增加，销售所得现金就会小于销售收入。如果当期应收账款减少，即收回上一期的应收账款大于本期产生的应收账款，销售所得现金就会大于销售收入。

38. 【答案】 D

【解析】效益成本评比法主要是将各方案的经济效益或成本进行比较，选取经济效益最高或成本最低的方案。这类评比的具体方法有：盈亏平衡点比较法、净现值比较法和最低成本分析法。

39. 【答案】 A

【解析】利息保障倍数是指借款人息税前利润与利息费用的比率，用以衡量客户偿付负债利息能力。根据计算公式，可得：利息保障倍数 =（利润总额 + 利息费用）/利息费用 =（600 + 200）/200 = 4。

40. 【答案】 B

【解析】当项目投资回收期小于或等于基准投资回收期时，表明该项目能在规定的时间内收回投资。A项，财务内部收益率低于基准收益率时，项目不可以接受；C项，净现值率越大，项目效益越好；D项，财务净现值大于零时，表明项目的获利能力超过基准收益率或设定收益率。

41. 【答案】 A

【解析】抵押贷款中，银行对选定的抵押物要逐项验证产权。实行租赁经营责任制的企业，要有产权单位同意的证明；集体所有制企业和股份制企业用其财产作抵押时，除应该核对抵押物所有权外，还应验证董事会或职工代表大会同意的证明；用共有财产作抵押时，应取得共有人同意抵押的证明，并以抵押人所有的份额为限。

42. 【答案】 D

【解析】D项，流动比率是流动资产与流动负债的比率。速动比率是借款人速动资产与流动负债的比率。速动资产是指易于立即变现、具有即时支付能力的流动资产。流动资产中存货的变现能力较慢，预付账款和待摊费用只能减少借款人未来的现金付出，并不能转变为现金，所以，应将这些项目扣除。如果流动资产中存货、预付账款和待摊费用的比例较大，即使项目的流动比率高，其速动比率也不一定很高。

43. 【答案】 B

【解析】在客户信用等级和客户评价报告的有效期内，对发生影响客户资信的重大事项，商业银行应重新进行授信分析评价。重大事项除ACD三项外，还包括：①客户财务收支能力发生重大变化；②客户涉及重大诉讼；③客户在其他银行交叉违约的历史记录；④其他。

44. 【答案】 A

【解析】工程其他费用包括土地征用费、耕地占用税、建设单位管理费、勘察设计咨询费、职工培训费、供电供水费、施工机构转移费及其他必须由项目承担的建筑工程费用和设备购置与安装费用以外的费用。

45. 【答案】 C

【解析】普通准备金的计提基数有三种：①选择以全部贷款余额作基数；②为了避免普通准备金与专项准备金的重复计算，选择以全部贷款扣除已提取专项准备金后的余额为基数；③选择以正常类贷款余额或者正常类贷款加上关注类贷款余额为基数。

46. 【答案】 D

【解析】全部投资现金流量表以全部投资作为计算的基础，从全部投资角度考虑现金流量，即借款不作为现金流入，借款利息和本金的偿还不作为现金流出。全部投资均视为自有资金。但在编制自有资金现金流量表时，借款利息应作为现金流出。

47. 【答案】 D

【解析】还款可能性分析一般包括：①还款能力分析，借款人的还款能力是决定贷款是否能够偿还的主要因素；②担保状况分析，在担保的问题上要重点考虑法律方面（担保的有效性）和经济方面（担保的充分性）；③非财务因素分析，借款人的行业风险、管理能力、自然社会因素等非财务因素会影响借款人的还款能力，借款人的还款意愿和银行信贷管理会影响贷款的最终偿还。

48. 【答案】 D

【解析】银行对项目环境保护的治理方案进行审查的内容包括：审查对投入物、燃料和原材料的使用是否安排了处理措施，是否采取了治理措施；审查设计任务书中的治理技术是否合理可靠，经治理的各种污染物的排放量是否低于国家环境部门规定的排放量。D项属于审查建设总投资与总设计环节应包括的内容。

49. 【答案】 C

【解析】根据《固定资产贷款管理暂行办法》的规定，贷款人应要求借款人在合同中对与贷款相关的重要内容作出承诺，承诺内容应包括：①贷款项目及其借款事项符合法律法规的要求；②及时向贷款人提供完整、真实、有效的材料；③配合贷款人对贷款的相关检查；④发生影响其偿债能力的重大不利事项及时通知贷款人；⑤进行合并、分立、股权转让、对外投资、实质性增加债务融资等重大事项前征得贷款人同意等。

50. 【答案】 C

【解析】C项，一个项目的财务净现值是指项目按照基准收益率或根据项目的实际情况设定的折现率，将各年的净现金流量折现到建设起点（建设期初）的现值之和，设定的折现率越高，财务净现值越低。

51. 【答案】 B

【解析】对于没有明确市场价格的质押品，如上市公司法人股权等，则应当在以下价格中选择较低者为质押品的公允价值：①公司最近一期经审计的财务报告或税务机关认可的财务报告中所写明的质押品的净资产价格；②以公司最近的财务报告为基础，测算公司未来现金流入量的现值，所估算的质押品的价值；③如果公司正处于重组、并购等股权变动过程中，可以交易双方最新的谈判价格作为确定质押品公允价值的参考。

52. 【答案】 C

【解析】产品技术方案分析，就是分析项目产品的规格、品种、技术性能以及产品的质量。技术分析中对产品方案的分析和评估必须在了解国内外现状的基础上进行。

53. 【答案】 A

【解析】分析项目的还款能力时，除了进行还款指标计算外，还必须把项目的还款资金来源分析作为评估的重点，主要分析项目有哪些还款资金来源，各种来源的可靠性如何，以及项目本身的利润是否已按规定提取了公积金和公益金后再用来还款。

54. 【答案】 A

【解析】财务内部收益率是使项目在计算期内各年净现金流量累计净现值等于零时的折现率；一个项目的净现值是指项目按照基准收益率或根据项目的实际情况设定的折现率，将各年的净现金流量折现到建设起点（建设期初）的现值之和；此折现率如果为内部收益率的话，则项目的净现值为0，如果小于内部收益率的话，则净现值大于0。

55. 【答案】 B

【解析】银行办理的质押贷款在业务中会存在操作风险。对于质押贷款业务，银行内部如果管理不当，制度不健全也容易出现问题；主要是对质物的保管不当，例如质物没有登记、交换、保管手续，造成丢失；对用于质押的存款没有办理内部冻结看管手续等。

56. 【答案】 B

【解析】银行最关心的是借款企业的财务状况和项目的效益情况。并把贷款项目的还款能力作为评估重点。

57. 【答案】 A

【解析】一段时期内，良好的客户通常会有一笔以上的银行贷款，来对应其不同需求。借款企业的信用额度是指银行授予某个借款企业的所有授信额度的总和。

58.【答案】 D

【解析】购入的固定资产原值按照购买价加上支付的运输费、保险费、包装费、安装成本和缴纳的税金确定，则该固定资产的入账原值：100 + 5 + 3 + 2 + 5 = 115（万元）。

59.【答案】 C

【解析】C项，成长阶段行业的销售、利润和现金流具有以下特点：①产品价格下降的同时产品质量却取得了明显提高，销售大幅增长；②由于销售大幅提高、规模经济的效应和生产效率的提升，利润转变成正值；③销售快速增长，现金需求增加，所以这一阶段的现金流仍然为负。

60.【答案】 B

【解析】B项，项目的财务效益差，而国民经济效益好的项目，属于经济上合理的项目，应予以接受。但这类项目简单地接受将会对投资企业和贷款银行造成不利的影响，投资企业和贷款银行不易接受。因此，有必要对这类项目提供可行的优惠政策和措施，改善其财务状况，提高项目的财务效益。

61.【答案】 A

【解析】在宽限期内银行只收取利息，借款人不用还本，或本息都不用偿还，但是银行仍应按规定计算利息，至还款期才向借款企业收取。

62.【答案】 D

【解析】分析项目的微观背景主要从项目发起人和项目本身着手。首先应分析项目发起人单位，然后分析项目提出的理由，并对项目的投资环境进行分析。

63.【答案】 B

【解析】市场需求预测分析是指在环境分析、市场调查和供求预测的基础上，根据项目产品的竞争能力、市场环境和竞争者等要素，分析和判断项目投产后所生产产品的未来销路问题，具体来说就是考察项目产品在特定时期内是否有市场，以及采取怎样的营销战略来实现销售目标。

64.【答案】 A

【解析】信贷人员可以从客户的生产流程入手，通过供、产、销三个方面分析客户的经营状况，也可以通过客户经营业绩指标进行分析。A项，客户经营管理状况分析不包括市场阶段分析。

65.【答案】 D

【解析】项目的生产规模分析是指对拟建项目生产规模的大小所做的审查、评价和分析。银行通过分析项目的生产规模，可了解项目是否实现了规模经济，进而了解该项目的经济效益状况，为项目贷款决策提供依据。

66.【答案】 C

【解析】面谈中需了解的客户的贷款需求状况包括：贷款目的、贷款用途、贷款金额、贷款期限、贷款利率、贷款条件等。

67.【答案】 C

【解析】设备的技术寿命是指设备从开始使用，直至因技术落后而被淘汰为止所经历的时间；设备的物质寿命是指设备在使用过程中由于物理和化学的作用，导致设备报废而退出生产领域所经历的时间；设备的经济寿命是指设备在经济上的合理使用年限，它是由设备的使用费决定的。

68.【答案】 D
【解析】D项，借款人的资金结构应与资产转换周期相适应。

69.【答案】 C
【解析】组织和管理评估就是围绕项目的组织机构设置，综合分析评价组织机构所作出的企业组织是否合理和有效，它主要由三部分构成：项目实施机构分析、项目经营机构分析和项目协作机构分析。

70.【答案】 B
【解析】基本预备费一般按固定资产投资中工程费用和其他费用之和的10%测算。计算涨价预备费的物价指数一般按10%，掌握，对设备价格基本确定的项目比例可适当降低。

71.【答案】 D
【解析】D项，在分析与项目有关的地方机构时，由地方开发的项目往往从地区角度出发，带有各自地区性目标，因此分析时应根据需要设置和调整地方机构，加强对项目的中层管理。

72.【答案】 C
【解析】资本和拨备计量都来自于对未来损失的估计，资本是未来可能损失的非预期值，而拨备是未来可能损失的预期值。量化未来可能损失就必须准确计量违约概率（PD），违约损失率（LGD），违约风险暴露（EAD）等风险参数。

73.【答案】 A
【解析】分项详细估算法是先计算各个生产经营环节的流动资金需用额，然后把各个环节的流动资金需用额相加得到项目总的流动资金需用额，流动资金总需用额减去流动负债就是项目所需的流动资金，此法常通过"流动资金估算表"进行。

74.【答案】 B
【解析】短期偿债能力是指客户以流动资产偿还短期债务即流动负债的能力，它反映客户偿付日常到期债务的能力。反映客户短期偿债能力的比率主要有：流动比率、速动比率和现金比率，其中流动比率是流动资产与流动负债的比率。从理论上讲，只要流动比率高于1（即短期负债小于短期资产），客户便具有偿还短期债务的能力。

75.【答案】 D
【解析】无形资产是指企业长期使用但无实物形态的资产，包括土地使用权、专利权、商标权、商誉等。无形资产原值的确定方法与固定资产相同。

76.【答案】 D
【解析】现金债务总额比＝经营活动现金净流量/债务总额。与流动比率、速动比率、营运资金和现金比率一样都是用来反映企业短期偿债能力。

77.【答案】 B
【解析】借款合同条款的审查应着重于合同核心部分即合同必备条款的审查，借款合同中的必备条款有：①贷款种类；②借款用途；③借款金额；④贷款利率；⑤还款方式；⑥还款期限；⑦违约责任和双方认为需要约定的其他事项。保证期间属于保证合同的审查内容。

78. 【答案】 B

【解析】B项，公司业务部门在借款人的提款期满之前，将借款人应提未提的贷款额度通知借款人。

79. 【答案】 C

【解析】贷款人受托支付是指贷款人在确认借款人满足贷款合同约定的提款条件后，根据借款人的提款申请和支付委托，将贷款资金通过借款人账户支付给符合合同约定用途的借款人交易对象。贷款人受托支付是实贷实付原则的主要体现方式，最能体现实贷实付的核心要求，也是有效控制贷款用途、保障贷款资金安全的有效手段。

80. 【答案】 C

【解析】贷款发放审查中担保落实情况主要包括：①担保人的担保行为是否合规，担保资料是否完整、合规、有效；②是否已按要求进行核保，核保书内容是否完整、准确；③抵（质）押率是否符合规定；④是否已按规定办理抵（质）押登记；⑤抵（质）押登记内容与审批意见、抵（质）押合同、抵（质）押物清单、抵（质）押物权属资料是否一致；⑥是否已办理抵（质）押物保险，保险金额是否覆盖信贷业务金额。

二、多项选择题

1. 【答案】 BCDE

【解析】按表内业务和表外业务划分，公司信贷可分为：①表内业务，主要包括贷款和票据贴现；②表外业务，主要包括承兑和信用证。A项是按贷款担保方式划分的种类。

2. 【答案】 ABE

【解析】根据现行的新税制和企业实际会计核算办法，销售收入中不含增值税的销项税，总成本中不含进项税，销售税金中不含增值税，这是现行基本报表不同于以前报表的最大特点。

3. 【答案】 BCDE

【解析】市场需求预测的内容包括：①估计潜在的市场需求总量；②估计区域市场潜在需求量；③评估行业销售额和企业的市场占有率。A项，产品特征是市场需求预测的主要相关因素，不属于需求预测的内容。

4. 【答案】 CD

【解析】AE两项，该方法可以将难以定量的风险量化，从而解决了不同国别风险难以进行比较的难题；B项，如果风险因素设置不同或赋予权重有差异，对同样国别，评价的结果可能大相径庭。因此，为了保持其具有较高的准确性，就需要不断地反馈结果（计算过程并非简单），及时修正。

5. 【答案】 AB

【解析】对工程设计方案的分析评估可以从以下两个方面进行分析：①总平面布置方案分析；②主要工程设计方案分析，包括建筑工程方案分析和施工组织设计分析。

6. 【答案】 ABE

【解析】商业银行贷款安全性调查的内容应包括：①对借款人、保证人、法定代表人的品行、业绩、能力和信誉精心调查；②考察借款人、保证人是否已建立良好的公司治理机制；③对借款人、保证人的财务管理状况进行调查，对其提供的财务报表的真实性进行审查；④对原到期贷款及应付利息清偿情况进行调查；⑤对有限责任公司和股份有限公司对外股本权益性投资和关联公司情况进行调查；⑥对抵押物的价值评估情况作出调查；⑦对于申请外汇贷款的客户，业务人员要调查认定借款人、保证人承受汇率、利率风险的能力，尤其要注意汇率变化对抵（质）押担保额的影响程度。

7. 【答案】 ADE

【解析】项目投资估算与资金筹措评估的内容包括：①项目投资（含建设投资和流动资金）估算是否合理，是否存在高估、低估和漏估问题；②项目总投资及构成的合理性，项目资本金比例是否符合国家规定；③各项投资来源的落实情况及项目资本金的到位情况等；④如果资金来源包括多家银行贷款，是否采用银团贷款的方式。

8. 【答案】 AC

【解析】根据《担保法》的规定，商业银行可接受的财产质押主要有以下几种：①出质人所有的、依法有权处分并可移交质权人占有的动产；②汇票、支票、本票、债券、存款单、仓单、提单；③依法可转让的基金份额、股权；④依法可转让的商标专用权、专利权、著作权中的财产权等知识产权；⑤依法可质押的其他权利，包括合同债权、不动产受益权和租赁权、项目特许经营权、应收账款、侵权损害赔偿、保险赔偿金的受益转让权等。AC 两项，对珠宝、首饰、字画、文物等难以确定价值的财产和国家机关的财产，商行不可接受质押。

9. 【答案】 AE

【解析】产品技术方案分析，就是分析项目产品的规格、品种、技术性能以及产品的质量。产品技术方案分析一方面要分析产品方案和市场需求状况，另一方面要分析拟建项目的主要产品和副产品所采用的质量标准是否符合要求。

10. 【答案】 ABD

【解析】净利润率反映每元销售收入净额所取得的净利润。净利润率 = 净利润/销售收入净额×100% =（利润总额 − 所得税）/销售收入净额×100% =（营业利润 + 投资净收益 + 营业外收入 − 营业外支出 − 所得税）/销售收入净额×100%，其中，营业利润 = 销售利润 − 管理费用 − 财务费用。

11. 【答案】 BCD

【解析】A 项，对企业信用度的分析主要是对企业借贷信用、经济合同履约信用、产品信誉等的评估；E 项，企业管理水平主要指管理人员业务素质、经历、管理能力、知识结构及年龄结构，机构的设置及合理性，经营管理方面的主要业绩，已实施投资项目的管理情况等。

12. 【答案】 ABCE

【解析】除 ABCE 四项外，企业的财务风险还体现在：①经营性净现金流量持续为负值；②产品积压、存货周转率大幅下降；③流动资产占总资产比重大幅下降；④企业销售额下降，成本提高，收益减少，经营亏损；⑤不能及时报送会计报表，或会计报表有造假现象；⑥财务记录和经营控制混乱。

13. 【答案】 ABDE

【解析】C 项，项目所需资金落实情况属于项目建设配套条件评估的内容。

14. 【答案】 ADE

【解析】除 ADE 三项外，项目经营期检查应重点关注的内容还包括：①由项目产生的收入现金流及还贷资金是否能达到原来项目评估报告的要求；②项目经营收入是否按约定按时、足额回笼交行；③项目融资的项目经营收入账户资金流动是否异常。B 项属于项目试生产期检查的内容；C 项属于项目建设期检查的内容。

15. 【答案】 ABCD

【解析】除 ABCD 四项外，判断投资理由是否充分还包括：①能否降低能源消耗、提高产品竞争力；②能否增加出口满足市场需要或是可替代出口；③能否扩大就业并利用社会协作条件、优惠政策和现有的基础设施等。

16. 【答案】 BCDE

【解析】借款人偿还长期债务的能力可以从财务杠杆比率的角度进行分析。杠杆比率主要通过比较资产、负债和所有者权益的关系来评价客户负债经营的能力，包括资产负债率、负债与所有者权益比率、负债与有形净资产比率、利息保障倍数等。A 项，流动比率是反映客户短期偿债能力的指标。

17. 【答案】 BCD

【解析】项目经营管理能力，是指对项目整个生产经营活动进行决策、计划、组织、控制、协调，对人员进行激励，以实现其任务和目标一系列工作的综合能力总称。评价项目经营管理能力，重点分析目标市场、营销策略和治理机制等层面。

18. 【答案】 BCE

【解析】根据《项目融资业务指引》的规定，贷款人从事项目融资业务，应当以偿债能力分析为核心，重点从项目技术可行性、财务可行性和还款来源可靠性等方面评估项目风险，要充分考虑政策变化、市场波动等不确定因素对项目的影响，审慎预测项目的未来收益和现金流。

19. 【答案】 BC

【解析】确定项目规模应本着实事求是、量力而行的原则。确定项目规模时，必须考虑到建设资金和资源的供应情况。

20. 【答案】 BCDE

【解析】原辅料供给分析是指项目在建成投产后生产经营过程中所需各种原材料、辅助材料及半成品等的供应数量、质量、价格、供应来源、运输距离及仓储设施等情况的分析，主要包括 BCDE 四项内容。

21. 【答案】 BC

【解析】在分析工艺方案时，必须结合本地区经济发展水平和资源条件，对不同工艺方案的自动化水平和机械化程度所产生的经济合理性进行分析评估。对于资本充足、劳动力稀缺的发达地区，选择自动化和机械化程度高的高新技术方案具有经济上的合理性；相反，对于经济发展较为落后的地区来说，由于具有资本要素稀缺、劳动要素丰富的特点，所以大量使用节省劳动要素的高新技术是不经济的。

22. 【答案】 ABCD

【解析】根据《项目融资业务指引》第三条，项目融资是指符合以下特征的贷款：①贷款用途通常是用于建造一个或一组大型生产装置、基础设施、房地产项目或其他项目，包括对在建或已建项目的再融资；②借款人通常是为建设、经营该项目或为该项目融资而专门组建的企事业法人，包括主要从事该项目建设、经营或融资的既有企事业法人；③还款资金来源主要依赖该项目产生的销售收入、补贴收入或其他收入，一般不具备其他还款来源。

23.【答案】 ABE

【解析】项目生产条件分析主要指项目建成投产后，对生产经营过程中所需要的物质条件和供应条件进行的分析，分析的主要内容有资源条件、原材料供应条件、燃料及动力供应条件。

24.【答案】 CDE

【解析】借款需求与还款能力和风险评估紧密相连，是决定贷款期限、利率等要素的重要因素。通过了解借款企业在资本运作过程中导致资金短缺的关键因素和事件，银行能够更有效地评估风险，更合理地确定贷款期限，并帮助企业提供融资结构方面的建议。

25.【答案】 ACDE

【解析】B项，外购投入物要按照买价加上应由企业负担的运杂费、装卸保险费、途中合理损耗、入库前加工整理和挑选费用以及缴纳的税金等计算成本。

26.【答案】 ABC

【解析】国别风险表现为利率风险、清算风险和汇率风险。国别风险与其他风险不是并列的关系，而是一种交叉关系。在国别风险之中，可能包含着信用风险、市场风险或流动性风险中的任意一种或者全部。

27.【答案】 ABDE

【解析】除 ABDE 四项外，企业管理状况风险还体现在：①企业发生重要人事变动，如高级管理人员或董事会成员变动，最主要领导者的行为发生变化，患病或死亡，或陷入诉讼纠纷，无法正常履行职责；②管理层对环境和行业中的变化反应迟缓或管理层经营思想变化，表现为极端的冒进或保守；③董事会和高级管理人员以短期利润为中心，不顾长期利益而使财务发生混乱、收益质量受到影响。

28.【答案】 ABCD

【解析】E项，"固定资产使用率"粗略地反映了固定资产的折旧程度，但也存在一些不足之处。

29.【答案】 ABDE

【解析】风险预警是各种工具和各种处理机制的组合结果，无论是否依托于动态化、系统化、精确化的风险预警系统，都应当逐级、依次完成以下程序：①信用信息的收集和传递；②风险分析；③风险处置；④后评价。

30.【答案】 ACDE

【解析】项目的盈利能力分析主要通过财务内部收益率、财务净现值、净现值率、投资回收期、投资利润率、投资利税率和资本金利润率七个评价指标进行。B项属于效率比率。

三、判断题

1.【答案】 A

【解析】只有执行了审慎的贷款分类制度，才能真实揭示贷款价值，识别贷款组合中的预期损失，从而计提充足的贷款损失准备金。

2. 【答案】　　B

【解析】应收账款融资模式是指以中小企业对供应链上核心大企业的应收账款单据凭证作为担保，向商业银行申请期限不超过应收账款账龄的短期贷款，由银行向处于供应链上游的中小企业提供融资的方式。

3. 【答案】　　A

【解析】流动比率的计算公式为：流动比率＝流动资产/流动负债×100%。流动比率过高，即流动资产相对于流动负债太多，可能是存货积压，也可能是持有现金太多，或者两者兼而有之。

4. 【答案】　　B

【解析】按照项目管理的程序，项目的可行性研究在先，项目评估在后，项目评估是在项目可行性研究的基础上进行的。项目评估处于比可行性研究更高级的阶段，项目评估比可行性研究更具有权威性。

5. 【答案】　　A

【解析】风险因素加权打分方法的缺陷是受评价机构主观影响比较大，如果风险因素设置不同或赋予权重有差异，对同样国别，评价的结果可能大相径庭。因此，为了保持其具有较高的准确性，就需要不断地反馈结果，及时修正。

6. 【答案】　　B

【解析】银行需审查建设项目的资本金是否已足额到位。即使因特殊原因不能按时足额到位，贷款支取的比例也应同步低于借款人资本金到位的比例。此外，贷款原则上不能用于借款人的资本金、股本金和企业其他需自筹资金的融资。

7. 【答案】　　B

【解析】企业的现金流量包括：经营活动的现金流量、投资活动的现金流量和融资活动的现金流量。其中，投资活动的现金流量来源于有价证券、固定资产、无形资产、长期投资等账户的变化，增加引起现金流出，减少引起现金流入。题干中，长期负债属于融资活动现金流量的来源。

8. 【答案】　　A

【解析】自主支付的操作要点包括：①明确贷款发放前的审核要求；②加强贷款资金发放和支付后的核查；③审慎合规地确定贷款资金在借款人账户的停留时间和金额。

9. 【答案】　　A

【解析】一级文件是信贷的重要物权凭证，在存放保管时视同现金管理，可将其放置在金库或保险箱（柜）中保管，指定双人分别管理钥匙和密码，双人入、出库，形成存取制约机制。

10. 【答案】　　B

【解析】借款人的主体资格要求包括：①企业法人依法办理工商登记，取得营业执照和有效年检手续；②事业法人依照《事业单位登记管理条例》的规定办理登记备案；③特殊行业须持有相关机关颁发的营业或经营许可证。

四、综合题

1. （1）【答案】 B

【解析】用实际产量表示，盈亏平衡点产量＝年固定成本/（产品单价－单位产品可变成本－单位产品销售税金）＝500000/（120－80－15）＝20000（件）。

（2）【答案】 B

【解析】用销售收入表示，盈亏平衡点销售收入＝产品单价×年固定成本/（产品单价－单位产品可变成本－单位产品销售税金）＝120×500000/（120－80－15）＝2400000（元）。

2. （1）【答案】 B

【解析】资产负债率＝负债总额/资产总额×100%＝1200/2000×100%＝60%。

（2）【答案】 A

【解析】负债与所有者权益比率＝负债总额/所有者权益×100%＝1200/（2000－1200）×100%＝150%。

（3）【答案】 B

【解析】根据题中资料，有形净资产＝所有者权益－无形资产－递延资产＝800－150－650（万元），则负债与有形净资产比率＝负债总额/有形净资产×100%＝1200/650×100%≈184.62%。

（4）【答案】 C

【解析】利息保障倍数＝（利润总额＋利息费用）/利息费用＝（400＋20）/20＝21。

（5）【答案】 A

【解析】流动比率＝流动资产/流动负债×100%＝1300/500×100%＝2.6。啤酒行业流动比率的参考指标为1.75，可见，W公司的流动比率偏高。

（6）【答案】 B

【解析】速动资产＝流动资产－存货－预付账款－待摊费用＝1300－800－200＝300（万元），可得：速动比率＝速动资产/流动负债×100%＝300/500×100%＝60%。啤酒行业速动比率的参考指标为0.9，可见，W公司的速动比率偏低。

（7）【答案】 D

【解析】现金比率＝现金类资产/流动负债×100%＝200/500×100%＝40%。

3. （1）【答案】 D

【解析】根据题意，公司2016年存货周转天数为：1000/3000×365≈121.7（天），2017年存货周转天数为：1300/3500×365≈135.6（天），假设2017年初需要补充资金 X 万元，则有：$X/3500×365=135.6－121.7$，得 $X≈133.3$（万元）。

（2）【答案】 C

【解析】根据题中资料，V公司2016年应付账款的周转天数为：400/3000×365≈48.7（天），2017年应付账款的周转天数为：600/3500×365≈62.6（天），62.6＞48.7，因此该公司可释放（节约）资金，假设可释放资金为 X 万元，则有：$X/3500×365=62.6－48.7$，得 $X≈133$（万元）。

全国银行业专业人员职业资格考试热题库

《公司信贷(中级)》模拟试卷(二)

一、单项选择题(共80题,每小题0.5分,共40分。以下各小题所给出的四个选项中,只有一项符合题目要求,请选择相应选项,不选、错选均不得分)

1. 根据《贷款风险分类指导原则》,不良贷款不包括(   )。
   A. 可疑类贷款   B. 损失类贷款   C. 次级类贷款   D. 关注类贷款

2. 下列有关商业银行流动资金贷款受托支付的表述,错误的是(   )。
   A. 贷款人受托支付是实贷实付的主要体现方式,最能体现实贷实付的核心要求
   B. 贷款支付后因借款人交易对手原因导致退款的,贷款人应及时通知借款人重新付款并审核
   C. 商业银行应制定完善的贷款人受托支付的操作制度,明确放款执行部门内部的资料流转要求和审核规则
   D. 商业银行应要求借款人提交贷款用途证明材料,但借款人无须逐笔提交能够反映所提款项用途的详细证明材料

3. _____时,适用罚息利率,遇罚息利率调整则_____。(   )
   A. 逾期贷款或挤占挪用贷款;分段计息   B. 挤占挪用贷款;不分段计息
   C. 贷款展期;不分段计息   D. 贷款展期;分段计息

4. 在银团贷款中,单家银行担任牵头行时,其承贷份额原则上不少于银团融资总金额的_____,分销给其他银团成员的份额原则上不低于_____。(   )
   A. 10%;50%   B. 20%;50%   C. 50%;10%   D. 50%;20%

5. 以海关监管期内的动产申请质押贷款的,须由(   )出具同意质押证明文件。
   A. 负责监管的海关   B. 董事会
   C. 出质人   D. 股东会

6. 在"三个办法一个指引"中,实行"实贷实付"的根本目的是(   )。
   A. 防止贷款诈骗   B. 防范信贷风险
   C. 防止贷款资金闲置   D. 满足有效信贷需求

7. 关于和解与整顿的关系,下列说法不正确的是(   )。
   A. 和解与整顿由政府行政部门决定和主持,带有立法当时的时代特征,不符合今天市场经济发展的形势
   B. 和解是破产程序的一个部分,而整顿程序只有在破产程序中止之后才能开始
   C. 整顿是和解的前提,和解与整顿融为一体
   D. 和解与整顿是两个相互独立的程序

8. 商业银行对于投资额大、技术复杂、按照项目进度分期付款的固定资产贷款项目,

在借款人提取贷款时，一般应要求借款人提供（   ）。
   A. 当地政府签署确认的项目进度和质量的书面文件
   B. 施工单位签署确认的项目进度和质量的书面文件
   C. 银团贷款代理行签署确认的项目进度和质量的书面文件
   D. 有监理、评估、质检等第三方机构参与签署的确认项目进度和质量的书面文件

9. 呆账核销后进行的检查，应将重点放在（   ）上。
   A. 核实债务人与担保人的财务状况　　B. 检查整个核销过程中有无纰漏
   C. 检查呆账申请材料是否真实　　　　D. 检查呆账申请材料是否完备

10. 受法律保护的借贷关系开始于（   ）。
    A. 借款合同生效　B. 签署借款合同　C. 贷款审批通过　D. 贷款审查通过

11. 固定利率贷款是指在贷款合同签订时即设定好固定的利率，在贷款合同期内，借款人都按照固定的利率支付利息，不需要"随行就市"。一般情况下（   ）均为固定利率贷款。
    A. 中期贷款　　　　　　　　　B. 长期贷款
    C. 中短期贷款　　　　　　　　D. 短期流动资金贷款

12. 下列关于合同审核的说法，不正确的是（   ）。
    A. 合同文本复核人员应就发现的问题及时建立复核记录，交由合同填写人员签字确认
    B. 合同复核人员根据审批意见复核合同文本及附件填写的完整性、准确性、真实性
    C. 合同文本复核人员应就复核中发现的问题及时与合同填写人员沟通
    D. 同笔贷款的合同填写人与合同复核人不可以为同一人

13. 下列对于一级文件（押品）保管的做法，错误的是（   ）。
    A. 按规定整理成卷，交信贷档案员保管
    B. 指定双人分别管理钥匙、密码
    C. 视同现金管理
    D. 双人入、出库

14. 贷放分控中的"贷"，不包括的环节是（   ）。
    A. 贷款发放　　　B. 贷款审批　　　C. 贷款审查　　　D. 贷款调查

15. 对于银行和企业，决定资产价值的主要是（   ）。
    A. 资产账面价值　　　　　　　B. 资产历史成本
    C. 预计的市场价格　　　　　　D. 当前的市场价格

16. 银行贷款发放原则中，主要适用于中长期贷款中的是（   ）。
    A. 计划放款原则　　　　　　　B. 比例放款原则
    C. 进度放款原则　　　　　　　D. 资本金足额原则

17. 不属于借款人概况分析的是（   ）。
    A. 对涉及企业体制、主营业务方向、对外投资及诉讼等重要事项应作进一步调查分析
    B. 借款人的历史沿革、地理位置、产权构成、组织形式、职工人数及构成

C. 企业形象、主导产品、在行业和区域经济发展中的地位和作用
D. 借款人的行政隶属关系及历史沿革

18. 商业银行短期贷款档案保管期限自贷款结清后第二年起，原则上一般再保管（　　）年。
    A. 10　　　　　　B. 7　　　　　　C. 5　　　　　　D. 3

19. 信贷资产风险分类的实质是（　　）。
    A. 评价债权被及时、足额偿还的可能性
    B. 评价债务担保人的担保状况
    C. 评价债务人正常经营状况
    D. 评价债务人的信用等级

20. 申请强制执行是依法清收的重要环节，申请执行的法定期限为（　　）。
    A. 1年　　　　　B. 2年　　　　　C. 3年　　　　　D. 4年

21. 下列关于财务报表分析资料的说法，正确的是（　　）。
    A. 主要包含会计报表、会计报表附注及财务状况说明书、会计师查账验查报告、其他资料等
    B. 会计报表指资产负债表、利润表、现金流量表
    C. 财务报表附注主要说明借款人会计处理方法事项
    D. 财务状况说明书是对资产负债表、利润表、现金流量表的补充

22. 凡采用"脱钩"方式转贷的，在国内贷款协议规定的每期还款期限到期前，经银行同意，视其具体情况允许适当展期，但每次展期最长不超过（　　）。
    A. 1年　　　　　B. 2年　　　　　C. 3年　　　　　D. 4年

23. 对项目所属行业当前整体状况的分析属于（　　）。
    A. 项目技术评估　　　　　　B. 银行效益评估
    C. 项目建设配套条件评估　　D. 项目建设的必要性评估

24. 关于贷款抵押物管理，下列表述错误的是（　　）。
    A. 经银行同意，抵押人可以全部转让并以不低于商业银行认可的最低转让价转让抵押物的，抵押人转让抵押物所得的价款只能向商业银行提前清偿所担保的债权
    B. 如抵押人无法完全恢复，银行应要求抵押人提供与减少的价值相当的担保，包括另行提供抵押物、权利质押或保证
    C. 如抵押人的行为造成抵押物价值的减少，银行应要求抵押人恢复抵押物的价值
    D. 抵押人在抵押期间转让或处分抵押物的，必须经贷款抵押银行同意

25. 企业年固定成本为100万元，产品单价20元，产品单位可变成本为15元，产品单位销售税金为1元。则其盈亏平衡点产量为（　　）件。
    A. 1000000　　　B. 250000　　　C. 200000　　　D. 50000

26. 抵押期间，商业银行贷款的抵押物因出险所得赔偿金（包括保险金和损害赔偿金）应（　　）。
    A. 存入银行指定账户，并按抵押合同中约定的处理方法进行相应处理

B. 归企业所有，由企业自行支配
C. 归银行所有，由银行支配
D. 偿还银行债权

27. 经办行（公司）的调查报告是银行申报核销呆账必须提供的资料，下列哪项属于经办行调查报告？（ ）
    A. 债权、股权发生明细材料　　　B. 债权和股权经办人
    C. 担保人和担保方式　　　　　　D. 财产清算情况

28. 在商业银行依法收贷过程中，按照法律规定，以下关于仲裁和诉讼时效的叙述正确的是（ ）。
    A. 向仲裁机关申请仲裁的时效为2年，向人民法院提起诉讼的时效是2年
    B. 向仲裁机关申请仲裁的时效为2年，向人民法院提起诉讼的时效是1年
    C. 向仲裁机关申请仲裁的时效为1年，向人民法院提起诉讼的时效是2年
    D. 向仲裁机关申请仲裁的时效为1年，向人民法院提起诉讼的时效是1年

29. 保证人和债权人应当在合同中约定保证责任期间，双方没有约定的，从借款企业偿还借款的期限届满之日起的（ ）内，债权银行应当要求保证人履行债务，否则保证人可以拒绝承担保证责任。
    A. 3个月　　　B. 6个月　　　C. 9个月　　　D. 一年

30. 不设警兆自变量，只通过警素指标的时间序列变化规律来预警风险的方法称为（ ）。
    A. 红色预警法　　B. 蓝色预警法　　C. 黑色预警法　　D. 橙色预警法

31. 下列各项中，借款人偿还债务最具有保障的来源是（ ）。
    A. 资产销售　　B. 现金流量　　C. 资产置换　　D. 抵押物的清偿

32. 与银行往来监控中，银行应通过检查企业的（ ），分析公司的最近经营状况。
    A. 提款申请书　　B. 银行对账单　　C. 申贷材料　　D. 借款凭证

33. ＿＿＿＿＿＿＿＿是指贷款人在确定借款人满足合同约定的提款条件后，根据借款人的提款申请将贷款资金发放至借款人账户后，由借款人＿＿＿＿＿＿＿＿给符合合同约定用途的借款人交易对象。（ ）
    A. 其他支付；其他支付　　　　B. 实贷实付；实贷实付
    C. 受托支付；受托支付　　　　D. 自主支付；自主支付

34. 在风险预警运行过程中，要不断通过（ ）来检验其有效性。
    A. 比较法　　B. 专家评价法　　C. 经验分析法　　D. 时间序列分析

35. 下列关于商业银行审贷制度的表述，错误的是（ ）。
    A. 如贷款审查人员对贷款发放持否定态度，可以终止该笔贷款的信贷流程
    B. 审查人员应具备经济、财务、信贷、法律、税务等专业知识，并有丰富的实践经验
    C. 授信审批应按规定权限、程序进行，不得违反程序、减少程序或逆程序审批授信业务
    D. 未通过有权审批机构审批的授信可以申请复议，但必须符合一定条件，且间隔

时间不太短

36. 对信贷运行过程的监测预警是通过（　　）实现的。
   A. 建立科学的监测预警指标体系，并观察其发展变化过程
   B. 建立科学的贷前调查体系，对申贷人系统调查
   C. 建立严格贷前审批程序，对贷款申请逐一把关
   D. 建立科学的贷后检查，对贷款人随时检查

37. 银行对 G 企业提供的抵押物评估价值额为 1000 万元，拟向 G 企业贷款本息总额为 800 万元，其中利息 300 万元，则 G 企业的抵押率为（　　）。
   A. 125%　　　　B. 110%　　　　C. 95%　　　　D. 80%

38. 在银行转贷款中，国内借款人向银行提前还款以银行向国外贷款行提前还款为前提的业务模式称为（　　）。
   A. 间接还款　　B. 补充　　　　C. 脱钩　　　　D. 挂钩

39. 关于贷款常规清收过程中需注意的问题，下列说法错误的是（　　）。
   A. 强制执行债务人资产
   B. 将依法收贷作为常规清收的后盾
   C. 利用政府和主管机关向债务人施加压力
   D. 要分析债务人拖欠贷款的真正原因，判断债务人短期和中长期的清偿能力

40. 依法收贷的对象为（　　）。
   A. 到期贷款　　B. 不良贷款　　C. 展期贷款　　D. 逾期贷款

41. （　　）通过计算资产的周转速度来反映公司控制和运用资产的能力，进而估算经营过程中所需的资金量。
   A. 盈利比率　　B. 杠杆比率　　C. 效率比率　　D. 偿债能力比率

42. 我国贷款风险分类的标准中，最核心的内容是（　　）。
   A. 借款人的历史还款记录　　　　B. 贷款偿还的可能性
   C. 借款人的还款来源　　　　　　D. 借款人的还款意愿

43. H 企业向银行申请短期季节性融资，银行经借款需求分析，发现 H 企业比以往季节性融资时所持现金少很多，原因是 H 企业新近购买了一台长期设备，此时银行应向企业提供（　　）。
   A. 长、短期贷款相结合的贷款　　B. 固定资产贷款
   C. 短期贷款　　　　　　　　　　D. 长期贷款

44. 项目生产条件分析不包括（　　）。
   A. 燃料及动力供应条件分析　　　B. 原材料供应条件分析
   C. 人力资源流动分析　　　　　　D. 资源条件分析

45. 当某项目的累计净现值大于零时，其内部收益率（　　）。
   A. 一定大于设定折现率　　　　　B. 可能等于设定折现率
   C. 一定等于零　　　　　　　　　D. 可能小于零

46. 商业银行在贷款项目评估中，为编制基本财务报表，还必须编制一些辅助报表，辅助报表不包括（　　）。

A. 流动负债估算表 B. 总成本费用估算表
C. 投资计划与资金筹措表 D. 无形及递延资产摊销估算表

47. 下列关于资金结构的理解，正确的是（   ）。
   A. 资金结构是指所有者权益占总资产的比例
   B. 客户资金来源结构直接影响其偿债能力，尤其是长期偿债能力
   C. 客户的资金结构可不与资产转换周期相适应
   D. 客户借入资金属于长期资金

48. 贷款项目建设的必要性评估不包括（   ）。
   A. 项目所属行业当前整体状况分析，国内外情况对比，发展趋势预测，项目所生产产品的生命周期分析
   B. 贷款项目是否符合国家产业政策，是否符合国家总体布局和地区经济结构的需要
   C. 资源条件能否满足项目需要，原辅材料、燃料供应是否有保障，是否经济合理
   D. 项目产品市场情况分析和项目产品的竞争力分析

49. 目前我国家电行业产品成熟，产品差异化很小，产品质量与技术提升的空间都非常有限，由于产品的同质化使得消费者可选择的空间扩大，从而导致各家电厂家竞争激烈，大打"价格战"，则根据行业成熟度四阶段模型判断，该行业处于（   ）。
   A. 启动阶段   B. 成熟阶段   C. 成长阶段   D. 衰退阶段

50. 下列选项中，应计入企业现金流量表的是（   ）。
   A. 所得税   B. 固定资产折旧   C. 无形资产摊销   D. 递延资产摊销

51. 银行在对贷款项目技术及工艺流程分析中，（   ）是项目技术可行性分析的核心。
   A. 产品技术方案分析 B. 工程设计方案评估
   C. 工艺技术方案分析 D. 设备评估

52. 银行对项目所选设备的可靠性分析，是指设备在规定时间内和规定条件下，完成规定功能的能力，一般用（   ）来衡量。
   A. 使用寿命   B. 经济性   C. 配套性   D. 可靠度

53. 下列对保证人资格审查的做法中，正确的是（   ）。
   A. 应尽可能避免连环担保
   B. 自然人不可以作为公司贷款的保证人
   C. 只允许企业法人作保证人
   D. 股份制企业的保证人还需提供股东大会的授权书

54. 银行对项目环境条件的分析中，（   ）是项目建设和生产的关键环节。
   A. 交通运输条件   B. 环境保护方案   C. 厂址选择条件   D. 财务资源

55. 陈立为I公司向银行申请的一笔保证贷款的连带保证人，贷款金额50万元，则贷款到期时，如I公司仍未偿还贷款，银行（   ）。
   A. 可要求I公司或陈立中任何一方偿还全部金额
   B. 只能先要求I公司偿还，然后才能要求陈立偿还
   C. 只能要求陈立先偿还，然后才能要求I公司偿还

D. 可要求 I 公司或陈立中任何一方偿还，但只能要求陈立偿还部分金额

56. 考察企业资产偿债能力时，易于立即变现、具有即时支付能力的指标是（　　）。
   A. 杠杆比率　　　B. 速动比率　　　C. 流动比率　　　D. 营运资金比率

57. 下列不属于我国金融监管当局鼓励采取的银团贷款方式的是（　　）。
   A. 单一企业的融资总额超过贷款行资本净额的10%
   B. 单一集团客户授信总额超过贷款行资本净额的5%
   C. 借款人以竞争性谈判选择银行业金融机构进行项目融资的
   D. 大型集团客户和大型项目的融资以及各种大额流动资金的融资

58. 将各类方案的各种因素进行综合考虑比较，从中选择大部分（或主要）因素比较好的方案，这种项目规模评估方法称为（　　）。
   A. 盈亏平衡点比较法　　　　　　B. 最低成本分析法
   C. 效益成本评比法　　　　　　　D. 多因素评比法

59. 有关抵债资产的处置，动产应当自取得之日起（　　）内予以处置。
   A. 3 个月　　　B. 6 个月　　　C. 1 年　　　D. 2 年

60. "酸性测验比率"是指（　　）。
   A. 流动比率　　　B. 现金比率　　　C. 速动比率　　　D. 营运资金比率

61. 下列表述中，不符合贷款损失准备金计提方法的是（　　）。
   A. 对正常贷款计提普通准备金
   B. 对大额不良贷款汇总计提专项准备金
   C. 对受具体的突发事件影响的贷款组合，统一计提特别准备金
   D. 对于一些金额小、数量多的非正常类贷款，采取批量处理的方法

62. 在项目财务分析的财务预测审查中，下列税金中，不应从销售收入中扣除的是（　　）。
   A. 城市维护建设税　　　　　　　B. 企业所得税
   C. 资源税　　　　　　　　　　　D. 营业税

63. 银行对贷款项目技术及工艺流程进行分析评估的目的是（　　）。
   A. 分析项目的规格、品种、技术性能以及产品的质量
   B. 分析产品生产全过程技术方法的可行性
   C. 分析所选择的设备具有较高的经济性
   D. 分析产品方案和市场需求状况

64. 下列长期投资决策评价指标中，其数值越小越好的指标是（　　）。
   A. 净现值率　　　B. 投资利润率　　　C. 内部收益率　　　D. 投资回收期

65. 关于贷款抵押物的保全，下列表述错误的是（　　）。
   A. 抵押权与其担保的债权同时存在，债权消失的，抵押权也消失
   B. 在抵押期间，若抵押物价值减少时，银行无权要求抵押人恢复抵押物的价值，或者追加等值的担保
   C. 在抵押期间，若抵押物价值减少时，银行有权要求抵押人恢复抵押物的价值，或者提供与减少的价值相等的担保

D. 在抵押期间，银行若发现抵押人对抵押物使用不当或保管不善，足以使抵押物价值减少时，有权要求抵押人停止其行为

66. J 企业 2002 年 12 月 30 日购入一台不需安装的设备，已交付生产使用，原价 50000 元，预计使用 5 年，预计净残值 2000 元，若按年数总和法计提折旧，则第三年的折旧日额为（　　）。
   A. 6400 元　　　　B. 9600 元　　　　C. 10000 元　　　　D. 12800 元

67. 商业银行负责审核贷款审批日至放款核准日期间借款人重大风险变化情况的部门是（　　）。
   A. 授信审批部门　　B. 信贷营销部门　　C. 风险管理部门　　D. 放款执行部门

68. 贷款项目评估的出发点为（　　）。
   A. 国家利益　　B. 借款人利益　　C. 担保人利益　　D. 贷款银行利益

69. 以下关于现金流量的说法，正确的是（　　）。
   A. 已办理质押的活期存款不能用于还款，但可以计入现金中
   B. 现金流量包括现金流入量、现金流出量和现金净流量
   C. 现金流量包括现金及现金等价物之间的变动
   D. 现金流量中的现金包括：库存现金、活期存款、其他货币性资金以及长期证券投资

70. （　　）是衡量项目经济效益统一的标准和尺度。
   A. 价值尺度的合理性原则　　　　B. 方法规范化原则
   C. 指标统一性原则　　　　　　　D. 效益性原则

71. K 公司拟以其所有的通勤车、厂房、被法院封存的存货及其租用的机器作抵押向银行申请借款，上述财产中可以用来抵押的是（　　）。
   A. 全部财产　　　　　　　　　　B. 厂房、存货
   C. 通勤车、厂房　　　　　　　　D. 通勤车、厂房、存货

72. 按照国家现行规定，建设项目根据资金性质、环境影响、社会影响等因素的不同，其审批程序可分为（　　）。
   A. 审批制、核准制和备案制　　　B. 核准制、备案制
   C. 审批制、核准制　　　　　　　D. 审批制、备案制

73. 商业银行的信贷决策权可以由（　　）行使。
   A. 贷款审查委员会　　　　　　　B. 贷款审查人员
   C. 银行客户经理　　　　　　　　D. 贷款调查人员

74. 参考《流动资金贷款管理暂行办法》中对营运资金量的测算方法，假设一个借款人 2015 年销售收入为 200 万，销售利润率为 10%，预计销售收入年增长率为 20%，营运资金周转次数为 12，则 2016 年该借款人的营运资金量为（　　）。
   A. 16.67 万　　　　B. 18 万　　　　C. 20 万　　　　D. 200 万

75. 宏观经济分析的主要方法不包括（　　）。
   A. 计量经济模型分析　　　　　　B. 专家定性分析
   C. 概率预测　　　　　　　　　　D. 指标法

76. 下列不属于客户信用分析的 5Ps 分析系统的是（   ）。
   A. 保障因素　　　B. 还款来源因素　　　C. 资金用途因素　　　D. 定量模型因素
77. 如果项目所需设备需要进口，除一般因素外，还会受（   ）限制。
   A. 关税　　　B. 外汇供给　　　C. 外汇需求　　　D. 出口国汇率
78. 以下不属于信贷资金运动特征的是（   ）。
   A. 产生经济效益才能良性循环
   B. 借贷资金运动以市场经济为轴心
   C. 以偿还为前提的支出，有条件的让渡
   D. 与社会物质产品的生产和流通相结合
79. 下列关于项目建设条件的说法，正确的是（   ）。
   A. 主要包括企业自身内部条件和主客观外部条件
   B. 内部条件是指拟建项目的人力、物力、财务资源条件
   C. 外部条件是指拟建工程所需的原材料、建筑施工条件
   D. 人力资源是指项目建设所需管理人员的来源
80. 甲企业某产品年生产能力 200 万吨，每吨售价 515 元，年固定成本为 20 万元，单位产品可变成本为 2 元，每吨销售税金为 1 元。那么，该企业盈亏平衡点销售收入为（   ）万元。
   A. 10　　　B. 50　　　C. 30　　　D. 20

二、多项选择题（共 30 题，每小题 1 分，共 30 分。以下各小题所给出的五个选项中，只有两项或两项以上符合题目要求，请选择相应选项，不选、错选均不得分）

1. 下列各项中，属于企业客户财务风险的有（   ）。
   A. 经营性净现金流量持续为负值　　　B. 不能按期支付银行贷款本息
   C. 产品质量出现明显下降　　　D. 应收账款异常增加
   E. 长期负债大量增加
2. 债权人直接向有管辖权的基层人民法院申请支付令，必须符合的条件有（   ）。
   A. 已经进入诉讼程序
   B. 申请财产已经申请保全
   C. 支付令能够送达债务人
   D. 债权人与债务人没有其他的债务纠纷
   E. 债务人对已发生法律效力的判决书、调解书不予履行
3. 目前我国估计抵押物价值的一般做法包括（   ）。
   A. 抵押人与银行双方协商确定抵押物价值
   B. 委托有评估资格的中介机构评估
   C. 依抵押物估价法规估价
   D. 抵押人自行评估
   E. 银行自行评估

4. 当借款人信用状况较差、贷款安全受到威胁时，银行应与借款人约定对账户（   ）的最低要求。
   A. 担保资金　　　　　　　　　　B. 平均存量
   C. 最低存量　　　　　　　　　　D. 资金进出
   E. 余额

5. 需要在项目达产后才能使用的盈利能力指标有（   ）。
   A. 财务内部收益率　　　　　　　B. 资本金利润率
   C. 投资利润率　　　　　　　　　D. 投资利税率
   E. 净现值率

6. 下列方法中，可看作是黑色预警法应用的为（   ）。
   A. 预期合成指数　　　　　　　　B. 经济扩散指数
   C. 商业循环指数　　　　　　　　D. 各种商情指数
   E. 指数预警法

7. 决定质押率的主要因素包括（   ）。
   A. 质物适用性、变现能力　　　　B. 质物价值变动趋势
   C. 质物市场价格　　　　　　　　D. 质物产权范围
   E. 质物新旧

8. 项目的盈利能力分析指标主要包括（   ）。
   A. 财务内部收益率　　　　　　　B. 资本金利润率
   C. 投资利润率　　　　　　　　　D. 资产负债率
   E. 投资回收期

9. 下列贷款中，不能被认定为呆账的有（   ）。
   A. 借款人触犯刑律，依法受到制裁，其财产不足归还所借债务，又无其他债务承担者，银行经追偿后确实无法收回债权
   B. 由于借款人和担保人不能偿还到期债务，银行诉诸法律，借款人和担保人虽有财产，经法院对借款人和担保人强制执行超过 1 年以上仍未收回的债权
   C. 银行对外投资后，由于被投资企业依法宣告破产、关闭、解散或撤销，银行无法收回的股权
   D. 银行对债务作诉诸法律后，经法院调解或经债权人会议通过，并与债务人达成和解协议或重整协议，在债务人履行完还款义务后，银行无法追偿的剩余债权
   E. 银行抵债资产的计价价值低于贷款本金的差额

10. 商业银行在进行项目产品的市场需求预测分析时，考虑的主要因素包括（   ）。
    A. 生产技术水平　　　　　　　　B. 产品价格水平
    C. 社会购买力　　　　　　　　　D. 产品特征
    E. 消费条件

11. 在市场需求预测分析中，估计潜在的市场需求总量时，对其有关的直接因素包括（   ）。
    A. 单位产品的价格　　　　　　　B. 购买者的平均购买量

C. 市场所在区域的面积 D. 市场所在区域基础设施情况
E. 给定的条件下特定产品或市场中的购买者的数量

12. 在贷款项目评估中，银行效益评估包括（　　）。
A. 清偿性效益评估 B. 项目敏感性分析
C. 盈利性效益评估 D. 流动性效益评估
E. 银行效益动态分析

13. 根据《欧洲货币》提出的衡量国别风险的计算方法，衡量国别风险需要考虑的因素主要包括（　　）。
A. 获得短期融资的能力 B. 进入资本市场的能力
C. 政治和经济风险 D. 税收风险
E. 债务情况

14. 下列关于主要工程设计方案的分析，正确的有（　　）。
A. 主要工程设计方案是指土建工程设计方案
B. 土建工程主要指地基、一般土建、工业管道、电气及照明等工程
C. 建筑工程方案分析主要对建筑物的平面布置和楼层高度是否适应工艺和设备的需要、建筑结构选择是否经济实用进行评估
D. 施工组织设计分析主要对施工方案、进度、顺序、产品原材料供应进行分析
E. 对工程量的分析应采用相应的行业标准

15. 一般来讲，影响流动资金需求的关键因素为（　　）。
A. 应收账款和应付账款 B. 借款人所属行业
C. 借款人经营规模 D. 现金
E. 存货

16. 对企业经营状况的分析，主要是对（　　）进行分析。
A. 产品优良率 B. 市场占有率
C. 利税水平 D. 产品信誉
E. 产销率

17. 确定银行产品组合要有效地选择产品组合（　　）。
A. 关联性 B. 适用性
C. 宽度 D. 深度
E. 功能

18. 下列属于借款人生产经营状况和经济技术实力评估的是（　　）。
A. 了解借款人近3年的总资产、净资产、固定资产净值、在建工程、长期投资以及工艺技术装备水平等变化情况
B. 分析借款人近3年来各年末的资产、负债、所有者权益总额指标及其增长情况
C. 调查借款人基本结算户开立或资金分流情况，计算借款人近3年短期借款、长期负债的本息偿还率指标
D. 分析近3年来各年主要产品的产量、销售收入、销售税金、利润总额及其增长情况

E. 分析借款人所在行业的特点、发展方向及中长期发展规划，综合评价借款人的发展前景

19. 经济指标是反映经济活动结果的一系列数据和比例关系，下列属于经济指标的是（　　）。
   A. 银行长期商业贷款利率　　　B. 国民生产总值
   C. 股票价格指数　　　　　　　D. 货币供应量
   E. 失业率

20. 当可行性研究报告中只提出了一个可行性方案时，银行评估人员应（　　）。
   A. 通过规模经济分析，肯定原来的方案或提出更好的方案
   B. 通过规模经济分析，肯定或否定原来的方案
   C. 向企业了解是否有其他方案
   D. 提出一个最优方案
   E. 提出备选方案

21. 关于测算流动资金融资需求需要考虑的因素，下列说法正确的有（　　）。
   A. 只要是小企业融资、订单融资等情况，就可以根据实际交易需求确定流动资金额度
   B. 对集团关联客户，可采用合并报表估算流动资金贷款额度
   C. 应合理预测借款人应收账款、存货和应付账款的周转天数
   D. 纳入合并报表范围内的成员企业流动资金贷款总和可以超过估算值
   E. 对季节性生产借款人，可按每年的连续生产时段作为计算周期估算流动资金需求

22. 下列对环境保护方案的分析，做法正确的有（　　）。
   A. 工业项目可不必进行环境保护方案分析
   B. 应审查企业提交的环境影响报告，其间要特别注意企业对污染源的控制方案
   C. 应审查对投入物、燃料和原材料的用后治理，审查治理技术是否先进
   D. 应审查建设总投资与总设计中是否包含环保工程内容
   E. 要分析环境保护带来的社会效益，暂不关注环保成本

23. 同一财产向两个以上债权人抵押的，关于抵押权受偿顺序的说法正确的是（　　）。
   A. 若均办理了抵押登记手续，则按登记的先后顺序清偿
   B. 若均未办理抵押登记手续，则按债权比例清偿
   C. 抵押物已登记的先于未登记的受偿
   D. 法院按债权人数平均受偿
   E. 债权人协商后清偿

24. 下列关于项目生产所需的燃料及动力供应条件分析的说法，正确的有（　　）。
   A. 耗电量大又要求连续生产的工业项目，要分析估算项目最大用电量、高峰负荷、备用量、供电来源
   B. 要依据产品生产过程、成本、质量、区域环境来选择燃料种类
   C. 要根据当地水源分布、水质情况分析用水量

D. 所需燃料通常有煤炭、石油和天然气
E. 所需动力主要有电力和蒸汽

25. 行业风险评估工作表通常不包括（　　）。
A. 行业名称
B. 行业企业数量
C. 行业竞争程度
D. 整体行业风险评估
E. 行业分析框架中所列举的潜在风险及每个风险对应的程度

26. 我国现行税制中，计入产品成本的有（　　）。
A. 增值税
B. 房产税
C. 土地使用税
D. 车船牌照使用税
E. 设备进口环节所交关税

27. 我国商业银行可以接受的质押财产包括（　　）。
A. 租用的财产
B. 机器等动产
C. 存款单、汇票等票据
D. 债券、股票等有价证券
E. 商标专用权等知识产权

28. 贷款合同通常存在不合规、不完备等缺陷问题，属于这一问题的有（　　）。
A. 未明确约定银行提前收回贷款以及解除合同的条件
B. 对借款人未按照约定用途使用贷款资金约束不力
C. 担保方式的约定不明确、不具体
D. 对借款人基本信息重视程度不够
E. 未明确约定罚息的计算方法

29. 抵押合同的内容应包括（　　）。
A. 抵押物的名称、数量、质量、状况
B. 被担保的主债权种类、数额
C. 债务人履行债务的期限
D. 抵押担保的范围
E. 抵押率的确定

30. 某企业为其在建项目再次申请贷款，此时应提交的先决条件文件有（　　）。
A. 工程检验师出具的工程进度报告和成本未超支证明
B. 已正式签署的建设合同
C. 贷款用途证明文件
D. 提款申请书
E. 借款凭证

三、判断题（共10题，每小题1分，共10分。请判断以下各小题的对错，正确的用"A"表示，错误的用"B"表示。）

1. 保证人与商业银行可以就单个主合同分别订立保证合同，也可以协商在最高贷款限额内就一定期间连续发生的贷款订立一个保证合同。（　　）
2. 对于项目融资业务，在贷款存续期间，贷款人应当不定期地监测项目的建设和经营

情况，根据贷款担保、市场环境、宏观经济变动等因素，对项目风险进行评价，并建立贷款质量监控制度和风险预警体系。（　　）

3. 无形资产与递延资产根据其原值采用加速递减法分期摊销。（　　）

4. 在计算现金流量时，折旧费支出、无形资产与递延资产摊销不能作为现金流出。（　　）

5. 专项准备金具有资本的性质，应计入资本基础，同时在计算风险资产时，要将已提取的专项准备金作为贷款的抵扣从相应的贷款组合中扣除。（　　）

6. 借款企业用贷款在有价证券、期货等方面从事投机经营的，属于挪用银行贷款的行为。（　　）

7. 借款人的资产结构是指借款人的全部资产中负债和所有者权益所占的比重及相互关系。（　　）

8. 商业银行对于应计提的贷款损失准备金的计算，建立在对贷款整体分析的基础上。（　　）

9. 商业银行的信贷风险处置按照阶段划分，可以分为预控性处置与实质性处置。（　　）

10. 普通准备金在一定程度上具有资本的性质，可以一定程度上用于弥补银行的未来损失。（　　）

四、综合题（共20分）

1. Y企业计划从事一个固定资产投资项目，投资总额1000万元，固定资产项目寿命期预计为5年，期末残值为零。自投资后一年起，项目预计可实现销售收入分别为300万元、400万元、600万元、700万元、500万元。项目单位产品销售可变成本率（含税）为50%，设备折旧采用直线折旧法，除设备折旧外，企业无其他固定成本。基于上述情况，完成以下题目：

（1）完成以下项目利润和现金流量测算。（单位：万元）（在带有底色的单元格处填写，每空0.5分）

	期初投资	第一年	第二年	第三年	第四年	第五年
销售收入	—	300	400	600	700	500
固定资产投资	1000	—	—	—	—	—
税前利润	—					
税前项目现金流	−1000					

（2）该固定资产投资项目所得税前内部收益率为（　　）。（单项选择题，2分）
　　A. 10.5%　　　　B. 9.8%　　　　C. 7.2%　　　　D. 5.6%

2. A公司以其办公用房作抵押向B银行借款200万元，B银行与A公司签署抵押合同并办理强制执行公证，但未办理抵押登记。办公用房权属证件齐全但价值仅为100万元，A公司又请求丙公司为该笔借款提供保证担保，因丙公司法人代表常驻香港，保证合同由丙公司总经理签字并盖合法公章。B银行与丙公司的保证合同没有约定保证方式及保证范围，但约定保证人承担保证责任的期限至借款本息还清时为止。借款合同到期后，A公司没有偿还银行的借款本息。根据上述内容，回答下列题目。

（1）丙公司的保证期间为主债务履行期届满之日起（　　）。（单项选择题，1分）

  A. 三年　　　　　　　　　　　　B. 二年

  C. 一年　　　　　　　　　　　　D. 保证合同约定不明确，无法判断

（2）虽然B银行与丙公司的保证合同没有约定保证方式和范围，B银行仍可直接要求丙公司承担（　　）的保证责任。（单项选择题，2分）

  A. 300万元　　　B. 200万元　　　C. 100万元　　　D. 0

（3）根据上述材料，B银行贷款管理存在以下问题（　　）。（多项选择题，2分）

  A. 要求法人代表常驻香港的丙公司提供保证

  B. 保证合同约定不明确，致使无法要求丙公司承担保证责任

  C. 没有办理抵押登记

  D. 保证合同未经法人签字，也没有授权

  E. 与A公司签署抵押合同时办理了强制执行公证

3. 资产负债表和利润表是根据Z公司2016年资产负债表及利润表整理的简化表，只列示了部分项目情况（假定无其他因素影响）。

资产负债表

项目	年初数额（万元）	年末数额（万元）
应收账款	150	200
存货	300	400
预付费用	150	0
应付账款	80	100
应付费用	30	0
折旧摊销	100	150

利润表

荐	数额（万元）
①销售收入	3000
②销售成本	1800
③其他业务利润	200
④管理费用	100
⑤财务费用	80
⑥营业利润（=①-②+③-④-⑤）	1220
⑦投资收益	150
⑧营业外收支净额	-50
⑨所得税	330

根据以上资料，回答下列问题。
(1) Z公司的销售所得现金为（　　）万元。（单项选择题，2分）
　　A. 3000　　　　B. 2950　　　　C. 2850　　　　D. 2800
(2) Z公司购货所付现金为（　　）万元。（单项选择题，2分）
　　A. 1880　　　　B. 1850　　　　C. 1720　　　　D. 1680
(3) Z公司管理费用现金支出为（　　）万元。（单项选择题，2分）
　　A. 150　　　　B. 130　　　　C. -20　　　　D. -170
(4) Z公司经营活动的现金净流量为（　　）万元。（单项选择题，2分）
　　A. 1260　　　　B. 1180　　　　C. 1130　　　　D. 790

模拟试卷（二）参考答案及解析

一、单项选择题

1.【答案】　D
【解析】根据《贷款风险分类指导原则》，我国将银行信贷资产分为正常、关注、次级、可疑、损失五类，不良贷款主要指次级、可疑和损失类贷款。

2.【答案】　D
【解析】D项，在受托支付方式下，银行业金融机构除须要求借款人提供提款通知书、借据外，还应要求借款人提交贷款用途证明材料。借款人应逐笔提交能够反映所提款项用途的详细证明材料，如交易合同、货物单据、共同签证单，付款文件等。

3.【答案】　A
【解析】逾期贷款或挤占挪用贷款，从逾期或挤占挪用之日起，按罚息利率计收罚息，直到清偿本息为止，遇罚息利率调整则分段计息。

4.【答案】　B
【解析】根据《银团贷款业务指引》第九条的规定，单家银行担任牵头行时，其承贷份额原则上不少于银团融资总金额的20%；分销给其他银团贷款成员的份额原则上不低于50%。

5.【答案】　A
【解析】根据相关法律规定，用于质押的质物、质押权利必须合法，以海关监管期内的动产作质押的，须由负责监管的海关出具同意质押的证明文件，否则不允许质押。

6.【答案】　D
【解析】满足有效信贷需求是实贷实付的根本目的；按进度发放贷款是实贷实付的基本要求；受托支付是实贷实付的重要手段；协议承诺是实贷实付的外部执行依据。

7.【答案】　C
【解析】C项，和解与整顿融为一体，和解是整顿的前提，整顿是和解成立的结果，没有和解协议生效，就没有整顿程序。

8.【答案】　D
【解析】对于投资额大、技术复杂、按照项目进度分期付款的固定资产投资项目，贷款人一般要求借款人提供有监理、评估、质检等第三方机构参与签署的确认项目进度和质量的书面文件，包括但不限于借款人、承包商以及第三方机构共同签署的单据等。

9. 【答案】 C

【解析】呆账核销后进行的检查，应将重点放在检查呆账申请材料是否真实。一旦发现弄虚作假现象，应立即采取补救措施，并且对直接责任人和负有领导责任的人进行处理和制裁；触犯法律的，应移交司法机关追究法律责任。

10. 【答案】 A

【解析】借款合同一经签订生效后，受法律保护的借贷关系即告确立，借贷双方均应依据借款合同的约定享有权利和承担义务。

11. 【答案】 D

【解析】固定利率贷款是指在贷款合同签订时即设定好固定的利率，在贷款合同期内，借款人都按照固定的利率支付利息，不需要"随行就市"。短期流动资金贷款均为固定利率贷款，即执行合同约定的利率。

12. 【答案】 B

【解析】合同复核人员无需复核合同文本及附件填写的真实性，而只需复核完整性、准确性、合规性，主要包括：文本书写是否规范；内容是否与审批意见一致；合同条款填写是否齐全、准确；文字表达是否清晰；主从合同及附件是否齐全等。

13. 【答案】 A

【解析】一级文件（押品）是信贷的重要物权凭证，在存放保管时应视同现金管理，可将其放置在金库或保险箱（柜）中保管，指定双人（押品保管员），分别管理钥匙和密码，双人入、出库，形成存取制约机制，而不应整理成卷交信贷档案员保管，对二级文件可在整理成卷后交信贷档案员管理。

14. 【答案】 A

【解析】贷放分控是指银行业金融机构将贷款审批与贷款发放作为两个独立的业务环节，分别进行管理和控制，以达到降低信贷业务操作风险的目的。贷放分控中的"贷"，是指信贷业务流程中贷款调查、贷款审查和贷款审批等环节，尤其是指贷款审批环节，以区别贷款发放与支付环节。

15. 【答案】 D

【解析】对于银行和企业，决定资产价值的主要是当前的市场价格。从金融监管当局的角度不难看出，采用历史成本法会导致对银行损失的低估和对资本的高估。

16. 【答案】 C

【解析】一般短期贷款不涉及贷款多次发放问题，只有中长期贷款项目期限长，资金需要分期投入，贷款需要分次发放，此时应按照完成工程量的多少付款，即坚持进度放款原则。AB两项是指银行应按照已批准的贷款项目年度投资计划所规定的建设内容、费用，准确、及时地提供贷款；D项是指银行需审查建设项目的资本金是否已足额到位。

17. 【答案】 D

【解析】借款人经济地位评估主要是调查借款人的行政隶属关系及历史沿革。调查分析借款人所在行业和区域经济现状、发展前景或规划，以及贷款项目对行业和区域经济发展的作用。

18．【答案】　C

【解析】贷款档案的保管期限自贷款结清（核销）后的第 2 年起计算。其中，5 年期，一般适用于短期贷款，结清后原则上再保管 5 年。

19．【答案】　A

【解析】信贷资产风险分类是商业银行按照风险程度将信贷资产划分为的不同档次。其实质是根据债务人正常经营状况和担保状况，评价债权被及时、足额偿还的可能性。

20．【答案】　B

【解析】对于已发生法律效力的判决书、调解书、裁定书、裁决书，当事人不履行的，银行应当向人民法院申请强制执行。申请执行的期间为 2 年，执行时效从法律文书规定当事人履行义务的最后一天起计算。

21．【答案】　C

【解析】A 项，财务报表资料应包含注册会计师查账验证报告，不包含普通会计师查验查报告，因为注册会计师验证后的报表可信度较未审计的报表高；B 项，会计报表是指借款人在会计期间编制的各类会计报表，除包含资产负债表、利润表、现金流量表，还包含相关附表；D 项，财务状况说明书主要是对借款人的生产经营状况、利润实现和分配状况、资金增减和周转情况及其他对财务状况发生影响事项的说明。

22．【答案】　B

【解析】凡采用"脱钩"方式转贷的，在国内贷款协议规定的每期还款期限到期前，经银行同意，视其具体情况允许适当展期，但每次展期最长不超过 2 年，且展期后国内转贷协议规定的每期还本付息额和累计还本付息额不得低于同期国外贷款协议规定的每期还本付息额和累计还本付息额；展期后的贷款最终到期日不得迟于国外贷款协议规定的最终到期日。

23．【答案】　D

【解析】项目建设的必要性评估包括三个方面的内容：①项目所属行业当前整体状况分析，国内外情况对比，发展趋势预测，项目所生产产品的生命周期分析；②贷款项目是否符合国家产业政策，项目建设和运营是否符合相关法律法规要求，是否经过必要的报批程序，是否符合国家总体布局和地区经济结构的需要；③项目产品市场情况分析和项目产品的竞争力分析。

24．【答案】　A

【解析】A 项，经商业银行同意，抵押人可以全部转让并以不低于商业银行认可的最低转让价款转让抵押物的，抵押人转让抵押物所得的价款应当优先用于向商业银行提前清偿所担保的债权或存入商业银行账户。

25．【答案】　B

【解析】盈亏平衡点上，企业的销售收入总额与产品销售总成本（含销售税金）相等，企业处于不盈不亏状态。盈亏平衡点产量 = 年固定成本 /（产品单价 − 单位产品可变成本 − 单位产品销售税金）= 1000000 /（20 − 15 − 1）= 250000（件）。

26．【答案】　A

【解析】抵押期间，抵押物因出险所得赔偿金（包括保险金和损害赔偿金）应存入商业银行指定的账户,并按抵押合同中约定的处理方法进行相应处理;对于抵押物出险后所得赔偿数额不足清偿部分,商业银行可以要求借款人提供新的担保。

27.【答案】 B

【解析】经办行(公司)的调查报告主要包括呆账形成的原因,采取的补救措施及其结果,对借款人(持卡人)和担保人具体追收过程及其证明,抵押物(质押物)处置情况,核销的理由,债权和股权经办人、部门负责人和单位负责人情况,对责任人进行处理的有关文件等。

28.【答案】 C

【解析】按法律规定,向仲裁机关申请仲裁的时效为1年,向人民法院提起诉讼的时效为2年。诉讼时效期间从贷款到期之日计算。

29.【答案】 B

【解析】资产保全人员应确保担保权利具有强制执行效力,主要是确保不超过诉讼时效、保证责任期间,确保不超过生效判决的申请执行期限。保证人和债权人应当在合同中约定保证责任期间,双方没有约定的,从借款企业偿还借款的期限届满之日起的6个月内,债权银行应当要求保证人履行债务,否则保证人可以拒绝承担保证责任。

30.【答案】 C

【解析】目前,在我国银行业实践中,风险预警是一门新兴的交叉学科,风险预警方法按运行机制划分为三种:①黑色预警法,不引进警兆自变量,只考察警素指标的时间序列变化规律,即循环波动特征;②蓝色预警法,侧重定量分析,根据风险征兆等级预报整体风险的严重程度;③红色预警法,重视定量分析与定性分析相结合。

31.【答案】 B

【解析】现金流量是偿还贷款的主要还款来源,还款能力的主要标志就是借款人的现金流量是否充足。在贷款分类中,分析借款人现金流量是否充足,其主要目的是分析借款人经营活动产生的现金流量是否足以偿还贷款本息,通过持续经营所获得的资金是偿还债务最有保障的来源。

32.【答案】 B

【解析】企业与银行资金往来是公司交易情况最直接的反映,也是银行利益的体现。银行应通过观察借款人与银行的资金往来情况,核查企业的银行对账单,分析公司最近的经营状况,并对异常的划款行为进行调查分析。

33.【答案】 D

【解析】自主支付是指贷款人在确认借款人满足合同约定的提款条件后,根据借款人的提款申请将贷款资金发放至借款人账户后,由借款人自主支付给符合合同约定用途的借款人交易对象。贷款新规在把贷款人受托支付作为贷款支付的基本方式的同时,也允许借款人自主支付在一定范围内存在。

34.【答案】 D

【解析】目前在我国,风险预警运行过程中要不断通过时间序列分析等技术来检验其有效性,包括数据源和数据结构的改善。

35.【答案】 A

【解析】A 项，审查人员无最终决策权，审查人员即使对贷款发放持否定态度，也应按正常的信贷流程继续进行审批。最终审批人参考审查员意见后，对是否批准贷款提出明确的意见。信贷决策权应由贷款审查委员会或最终审批人行使。

36.【答案】 A

【解析】对信贷运行过程的监测预警是通过建立科学的监测预警指标体系，并对其发展变化过程进行观察来实现的，合理地选择预警指标是建立预警体系的关键。

37.【答案】 D

【解析】G 企业的抵押率 = 担保债权本息总额/抵押物评估价值额 × 100% = 800/1000 × 100% = 80%。

38.【答案】 D

【解析】对于银行转贷款而言，国内借款人向银行的提前还款与银行作为借款人向国外银行的提前还款，通常有"挂钩"和"脱钩"两种业务模式：前者即国内借款人向银行的提前还款，以银行向国外贷款行提前还款为前提，同步进行；后者即或者国内借款人向银行提前还款，或者银行向国外贷款行提前还款，二者不同步。

39.【答案】 A

【解析】常规清收需要注意以下几点：①要分析债务人拖欠贷款的真正原因，判断债务人短期和中长期的清偿能力；②利用政府和主管机关向债务人施加压力；③要从债务人今后发展需要银行支持的角度，引导债务人自愿还款；④要将依法收贷作为常规清收的后盾。

40.【答案】 B

【解析】依法收贷是对不良贷款采取法律手段清理收回的活动，收贷的对象是不良贷款。逾期贷款、展期贷款如借款人在宽限期内偿还，就不必对其采用法律途径，不构成依法收贷的对象。只有在借款人拒不还款时银行才会采取法律手段维权，此时贷款对银行而言已成为不良贷款。

41.【答案】 C

【解析】效率比率通过计算资产的周转速度来反映管理部门控制和运用资产的能力，进而估算经营过程中所需的资金量。效率比率主要包括总资产周转率、固定资产周转率、应收账款回收期、存货持有天数等。

42.【答案】 B

【解析】贷款风险分类最核心的内容就是贷款偿还的可能性，而决定贷款是否能够偿还，借款人的还款能力是主要因素，因此，银行关心的是借款人的经营状况，现在以及未来的偿付能力。

43.【答案】 A

【解析】题中 H 企业真正的资金需求应为购买新设备导致的需求，因而其除了短期季节性融资需求外，还需要长期的设备融资，相应地，银行应当使用短期贷款和长期贷款相结合的方式来满足 H 企业的不同需求。

44.【答案】 C

【解析】项目生产条件分析主要是指项目建成投产后，对生产经营过程中所需要的物资条件和供应条件进行的分析，主要包括：①资源条件分析；②原材料供应条件分析；③燃料及动力供应条件分析。

45. 【答案】 A

【解析】财务内部收益率是使项目在计算期内各年净现金流量累计净现值等于零时的折现率;一个项目的净现值是指项目按照基准收益率或根据项目的实际情况设定的折现率,将各年的净现金流量折现到建设起点(建设期初)的现值之和。此折现率如果为内部收益率的话,则项目的净现值为0;如果小于内部收益率的话,则净现值大于0。

46. 【答案】 A

【解析】辅助报表可以根据计算需要编制,除BCD三项外,一般还包括:①固定资产投资估算表;②流动资金估算表;③固定资产折旧费计算表;④产品销售(营业)收入和销售税金及附加估算表;⑤投入物成本计算表(用于计算生产中投入物成本和进项税)。

47. 【答案】 B

【解析】A项,资金结构是指借款人的全部资金中负债和所有者权益所占的比重及相互关系,不仅仅指所有者权益占总资产的比例。C项,客户的资金结构应与资产转换周期相适应,资产转换周期较短、转换频繁的客户应搭配短期负债;资产转换周期长的客户,融资需求更多的是稳定的长期资金,此时应搭配长期负债。D项,客户借入资金主要包括流动负债与长期负债,其中流动负债属于短期资金,长期负债属于长期资金。

48. 【答案】 C

【解析】C项属于项目建设配套条件评估需要考虑的内容。

49. 【答案】 B

【解析】处于成熟阶段的行业增长较为稳定,成熟期的产品和服务已经非常标准化,行业中的价格竞争非常激烈,新产品的出现速度也非常缓慢。题中描述的特征符合四阶段模型中成熟阶段的特征。

50. 【答案】 A

【解析】在计算现金流量时,折旧费支出、无形资产与递延资产摊销都不能作为现金流出,因为这三项费用只是项目内部的现金转移,固定资产投资、无形资产和递延资产投资已按其发生时间作为一次性支出计入项目的现金流出中,如果再将折旧等视为现金流出,就会出现重复计算。

51. 【答案】 C

【解析】工艺技术方案的分析评估是投资项目技术可行性分析的核心,工艺技术设计标准的好坏和高低,对整个项目的设立及执行有决定性影响。

52. 【答案】 D

【解析】设备可靠性是指设备在规定时间内和规定条件下,完成规定功能的能力,一般用可靠度来衡量。选择有较高可靠度的设备,可以满足生产工艺要求,连续不断生产出高质量的产品,避免设备故障可能带来的重大经济损失和人身事故。

53. 【答案】 A

【解析】在对保证人资格审查中,保证人应是具有代为清偿能力的企业法人或自然人,企业法人应提供其真实营业执照及近期财务报表;保证人或抵押人为有限责任公司或股份制企业的,其出具担保时,必须提供董事会同意其担保的决议和有相关内容的授权书。应尽可能避免借款人之间相互担保或连环担保。

54. 【答案】 A

【解析】交通运输条件关系到项目和生产物资能否顺利集聚、供应，以及产品能否顺利分销。因此，交通运输条件是项目建设和生产的关键环节。

55. 【答案】 A

【解析】在保证贷款中，一般保证人承担的是连带责任，即与债务人共同对债务负责，偿还顺序不分先后，且偿还金额不受限制。因此，当贷款到期时，银行可要求I公司偿还全部金额，也可要求陈立偿还全部金额。

56. 【答案】 B

【解析】速动比率又称"酸性测验比率"，是指速动资产对流动负债的比率，它用于衡量企业流动资产中可以立即变现用于偿还流动负债的能力。速动资产是指易于立即变现、具有即时支付能力的流动资产。

57. 【答案】 B

【解析】有下列情形之一的大额贷款，鼓励采取银团贷款方式：①大型集团客户、大型项目融资和大额流动资金融资；②单一企业或单一项目融资总额超过贷款行资本净额10%的；③单一集团客户授信总额超过贷款行资本净额15%的；④借款人以竞争性谈判选择银行业金融机构进行项目融资的。

58. 【答案】 D

【解析】项目规模评估的主要方法有两类：①效益成本评比法，主要是将各方案的经济效益或成本进行比较，选取经济效益最高或成本最低的方案，这类评比的具体方法有盈亏平衡点比较法、净现值比较法和最低成本分析法；②多因素评比法，主要是将各类方案的各种因素进行综合考虑比较，从中选择大部分（或主要）因素比较好的方案。此外，还可以采用决策树分析法、数学规划等方法来进行不同生产规模的多方案评选。

59. 【答案】 C

【解析】抵债资产收取后应尽快处置变现，应以抵债协议书生效日，或法院、仲裁机构裁决抵债的终结裁决书生效日为抵债资产取得日，不动产和股权应自取得日起2年内予以处置；除股权外的其他权利应在其有效期内尽快处置，最长不得超过自取得日起的2年；动产应自取得日起1年内予以处置。

60. 【答案】 C

【解析】速动比率，又称"酸性测验比率"，是指速动资产对流动负债的比率。它用于衡量企业流动资产中可以立即变现用于偿还流动负债的能力。

61. 【答案】 B

【解析】B项，对大额不良贷款应逐笔计提专项准备金。

62. 【答案】 B

【解析】在项目财务分析的财务预测审查中，应从销售收入中扣除的税金有增值税、消费税、营业税、资源税、城市维护建设税、土地增值税、教育费附加。

63. 【答案】 B

【解析】银行对项目进行技术及工艺流程分析的目的是要分析产品生产全过程技术方法的

可行性，并通过不同工艺方案的比较，分析其技术方案是否是综合效果最佳的工艺技术方案。

64. 【答案】 D
【解析】投资回收期亦称返本年限，是指用项目净收益抵偿项目全部投资所需时间，它是项目在财务投资回收能力方面的主要评价指标。在财务评价中，将求出的投资回收期与行业基准投资回收期比较，当项目投资回收期小于或等于基准投资回收期时，表明该项目能在规定的时间内收回投资。

65. 【答案】 B
【解析】B项，在抵押期间，若抵押物价值减少时，银行有权要求抵押人恢复抵押物的价值，或者提供与减少的价值相等的担保；若抵押人对抵押物价值减少无过错的，银行只能在抵押人因损害而得到的赔偿范围内要求提供担保，其抵押物未减少的部分，仍作为债权的担保。

66. 【答案】 A
【解析】按年数总和法计提折旧，年折旧率＝（折旧年限－已使用年限）÷［折旧年限×（1＋折旧年限）÷2］＝（5－3）÷［5×（1＋5）÷2］＝2/15；年折旧额＝（固定资产原值－预计净残值）×年折旧率＝（50000－2000）×（2/15）＝6400（元）。

67. 【答案】 D
【解析】放款执行部门审核审批日至放款核准日期间借款人重大风险变化情况。对于审批日至放款核准日间隔超过一定期限的，放款执行部门审核在此期间借款人是否发生重大风险变化情况。

68. 【答案】 D
【解析】贷款项目评估是以项目可行性研究报告为基础，根据国家现行方针政策、财税制度以及银行信贷政策的有关规定，结合项目生产经营的信息材料，从技术、经济等方面对项目进行科学审查与评价的一种方法。它是以银行的立场为出发点，以提高银行的信贷经营效益为目的。

69. 【答案】 B
【解析】现金流量包括现金流入量、现金流出量和现金净流量；现金净流量为现金流入量和现金流出量之差。A项，已办理质押的活期存款不能用于还款，因此应该从现金中剔除；C项，现金流量不讨论现金及现金等价物之间的变动，因为这不影响客户的偿债能力，属于现金管理；D项，现金流量中的现金包括：库存现金、活期存款、其他货币性资金以及三个月以内的证券投资。

70. 【答案】 C
【解析】指标统一性原则，是指在项目评估中所使用的国家参数、效益指标的标准化，也就是衡量项目经济效益统一的标准和尺度。

71. 【答案】 C
【解析】根据《物权法》的规定，不得抵押的财产有：①土地所有权；②耕地、宅基地、自留地、自留山等集体所有的土地使用权，但法律规定可以抵押的除外；③学校、幼儿园、医院等以公益为目的的事业单位、社会团体的教育设施、医疗卫生设施和其他社会公益设施；④所有权、使用权不明或者有争议的财产；⑤依法被查封、扣押、监管的财产；⑥法律、行政法规规定不得抵押的其他财产。

72．【答案】　A

【解析】在进行项目审批的审查时，应对项目适应流程是否恰当进行审查。按照国家现行规定，建设项目根据资金性质、环境影响、社会影响等因素的不同，其审批程序大体可分为审批制、核准制和备案制三种，每种审批程序都具有各自不同的特点。

73．【答案】　A

【解析】审查人员即使对贷款发放持否定态度，也应按正常的信贷流程继续进行审批。最终审批人参考审查员意见后，对是否批准贷款提出明确的意见。信贷决策权应由贷款审查委员会或最终审批人行使。

74．【答案】　B

【解析】营运资金量＝上年度销售收入×（1－上年度销售利润率）×（1＋预计销售收入年增长率）/营运资金周转次数＝200×（1－10%）×（1＋20%）/12＝18（万）。

75．【答案】　B

【解析】宏观经济分析可以通过一系列的经济指标的计算、分析和对比来进行。除指标法外，还有计量经济模型分析和概率预测等方法。

76．【答案】　D

【解析】针对企业信用分析的5Ps分析系统包括：个人因素、资金用途因素、还款来源因素、保障因素、企业前景因素。

77．【答案】　B

【解析】如果项目所需设备和投入物全部或部分需从国外进口，项目还将受到外汇供给的限制，此时根据实事求是、量力而行的原则，确定项目规模时应考虑外汇供给大小因素。

78．【答案】　B

【解析】信贷资金运动和社会其他资金运动构成了整个社会再生产资金的运动，它的基本特征也是通过社会再生产资金运动形式表现出来的：①以偿还为前提的支出，有条件的让渡；②与社会物质产品的生产和流通相结合；③产生经济效益才能良性循环；④信贷资金运动以银行为轴心。

79．【答案】　B

【解析】A项，拟建项目的建设条件包括客观存在的外部条件和项目自身的内部条件；C项，外部条件主要是指建筑施工条件、相关项目的协作配套条件以及国家规定的环境保护条件；D项，人力资源是指技术力量和劳动力的来源及人员培训方案等情况，属于企业内部条件。

80．【答案】　D

【解析】根据题意，企业盈亏平衡点销售收入＝产品单价×年固定成本/（产品单价－单位产品可变成本－单位产品销售税金）＝515×200000/（515－2－1）≈200000（元）。

二、多项选择题

1．【答案】　ABDE

【解析】除ABDE四项外，企业的财务风险还体现在：①产品积压、存货周转率大幅下降；②流动资产占总资产比重大幅下降；③短期负债增加失当；④银行账户混乱，到期票据无力支付；⑤企业销售额下降，成本提高，收益减少，经营亏损；⑥不能及时报送会计报表，或会计报表有造假现象；⑦财务记录和经营控制混乱。C项属于经营风险。

2.【答案】　CD

【解析】依法申请支付令，债权人请求债务人偿付贷款本息的，可以不通过诉讼程序，而直接向有管辖权的基层人民法院申请支付令，但必须符合以下两个条件：①债权人与债务人没有其他债务纠纷；②支付令能够送达债务人的。

3.【答案】　ABE

【解析】由于我国的法律还未就抵押物估价问题作出具体规定，一般做法是由抵押人与银行双方协商确定抵押物的价值，委托具有评估资格的中介机构给予评估或银行自行评估。

4.【答案】　BDE

【解析】当借款人信用状况较差、贷款安全受到威胁时，出于有效防范和化解信贷风险的考虑，银行应要求其开立专门的还款准备金账户，并与借款人约定对账户资金进出、余额或平均存量等的最低要求。

5.【答案】　BCD

【解析】投资利润率、投资利税率、资本金利润率均需以项目达到设计能力后的正常生产年份的年利润或年利税为基础进行计算，因而在项目达产后才能使用这些指标。财务内部收益率、净现值率以项目建设、投产、经营期内的现金流为基础计算，可在达产之前使用。

6.【答案】　ABCD

【解析】黑色预警法不引进警兆自变量，只考察警素指标的时间序列变化规律，即循环波动特征。各种商情指数、预期合成指数、商业循环指数、经济扩散指数、经济波动图等都可看作是黑色预警法的应用。E项，指数预警法属于蓝色预警法。

7.【答案】　AB

【解析】确定质押率的依据主要有：①质物的适用性与变现能力，对变现能力较差的质押财产应适当降低质押率；②质物、质押权利价值的变动趋势，一般可从质物的实体性贬值、功能性贬值及质押权利的经济性贬值或增值三方面进行分析。

8.【答案】　ABCE

【解析】项目的盈利能力分析主要通过财务内部收益率、财务净现值、净现值率、投资回收期、投资利润率、投资利税率和资本金利润率七个评价指标进行。

9.【答案】　BC

【解析】B项，法院对借款人和担保人强制执行超过2年以上仍未收回的债权才可认作是呆账；C项，按国家法律法规规定具有投资权的银行的对外投资，必须在被投资企业依法宣告破产、关闭、解散或撤销，并终止法人资格后，银行经清算和追偿后仍无法收回的股权才可被确认为呆账。

10.【答案】　BCDE

【解析】市场需求预测分析是指在市场调查和供求预测的基础上，根据项目产品的竞争能力、市场环境和竞争者等要素，分析和判断项目投产后所生产产品的未来销路问题。市场需求预测的主要相关因素包括：①产品特征和消费条件；②社会购买力与产品价格水平。

11. 【答案】 ABE

【解析】潜在的市场需求量是指在一定时期内,在一定行业营销水平和一定的市场环境下,一个行业中所有企业可能达到的最大营销量之和。总市场潜量可表示为:$Q = npq$。式中,Q 代表总市场潜量;n 代表给定的条件下特定产品或市场中的购买者的数量;p 代表单位产品的价格;q 代表购买者的平均购买量。

12. 【答案】 CDE

【解析】贷款项目评估包括:项目建设的必要性评估、项目建设配套条件评估、项目技术评估、借款人及项目股东情况、项目财务评估、项目担保及风险分担、项目融资方案和银行效益评估。其中,银行效益评估包括盈利性效益评估、流动性效益评估和银行效益动态分析三个方面。

13. 【答案】 ABCE

【解析】除 ABCE 四项外,《欧洲货币》提出的衡量国别风险需要考虑的因素还包括:违约债务或重新安排的债务情况、信贷评级、获得银行融资的能力、福费廷的折扣。D 项,税收风险是世界市场研究中心(WMRC)提出的衡量国别风险的方法中需要考虑的因素。

14. 【答案】 ABC

【解析】D 项,施工组织设计分析主要对施工方案、进度、顺序、建设材料供应计划等进行分析,产品原材料的供应分析属于项目生产条件分析的内容;E 项,在施工方案分析中,对工程量的分析应以相应的额定标准为依据来进行。

15. 【答案】 ADE

【解析】流动资金贷款需求量应基于借款人日常生产经营所需营运资金与现有流动资金的差额(即流动资金缺口)确定。一般来讲,影响流动资金需求的关键因素为存货(原材料、半成品、产成品)、现金、应收账款和应付账款。同时,还会受到借款人所属行业、经营规模、发展阶段、谈判地位等重要因素的影响。

16. 【答案】 ABCE

【解析】对投资者经营状况的分析,主要包括投资者目前的利税水平、产销率、市场占有率、产品优良率,并据此全面评估与分析投资者的经营状况。

17. 【答案】 ACD

【解析】一个银行的产品组合,通常包括产品组合宽度和产品组合深度两个度量化要素。确定产品组合就是要有效地选择其宽度、深度和关联性:①产品组合宽度,是指产品组合中不同产品线的数量,即产品大类的数量或服务的种类;②产品组合的深度,是指银行经营的每条产品线内所包含的产品项目的数量;③产品组合的关联性,是指银行所有的产品线之间的相关程度或密切程度。

18. 【答案】 AD

【解析】B 项属于借款人资产负债情况及偿债能力评估;C 项属于借款人信用状况评估;E 项属于借款人发展前景评估。

19. 【答案】 BCDE

【解析】经济指标有三类:①先行指标,主要有货币供应量、股票价格指数等,这类指标对将来的经济状况提供预示性的信息;②同步指标,主要包括失业率、国民生产总值等,这类指标反映的是国民经济正在发生的情况,并不预示将来的变动;③滞后指标,主要有银行短期商业贷款利率、工商业未还贷款等。

20. 【答案】 AC

【解析】通过项目可行性研究报告评估项目规模时,当可行性研究报告中只提出了一可行性方案时,银行评估人员应向企业了解是否有其他方案,并根据项目产品的市场需求调查和预测、投入物和生产条件分析,再通过规模经济的分析,肯定原来的方案或提出更好的方案。

21. 【答案】 BCE

【解析】A项,对小企业融资、订单融资等情况,可在交易真实性的基础上,确保有效控制用途和回款情况下,根据实际交易需求确定流动资金额度;D项,对集团关联客户,可采用合并报表估算流动资金贷款额度,原则上纳入合并报表范围内的成员企业流动资金贷款总和不能超过估算值。

22. 【答案】 BD

【解析】A项,对工业项目而言,必须要进行环境保护方案分析;C项,应审查对投入物、燃料和原材料的使用是否安排了处理措施,是否采取了治理措施;E项,应分析环境保护是否经济,即要在治理环境所付出的经济代价与不治理环境而造成的经济损失之间权衡。

23. 【答案】 ABC

【解析】根据《物权法》第一百九十九条,同一财产向两个以上债权人抵押的,拍卖、变卖抵押财产所得的价款依照下列规定清偿:①抵押权已登记的,按照登记的先后顺序清偿;顺序相同的,按照债权比例清偿;②抵押权已登记的先于未登记的受偿;③抵押权未登记的,按照债权比例清偿。

24. 【答案】 ABDE

【解析】C项,在项目评估时,要根据项目对水源、水质的要求,计算出项目用水量,再结合当地的供水价格,分析耗水费用对产品成本的影响。

25. 【答案】 BC

【解析】商业银行可以通过使用行业风险评估工作表来综合考虑行业风险。行业风险评估工作表通常包括以下内容:①行业名称;②行业分析框架中所列举的潜在风险及每个风险对应的程度;③整体行业风险评估。

26. 【答案】 BCD

【解析】根据我国现行税制,进入产品成本的有土地使用税、房产税、车船牌照使用税。设备进口环节所交关税应计入项目总投资,增值税要从销售收入中扣除。

27. 【答案】 BCDE

【解析】除 BCDE 四项外,商业银行可接受的质押财产还包括:①依法可以转让的基金份额、股权;②依法可以质押的其他权利,包括合同债权、不动产受益权和租赁权、项目特许经营权、应收账款、侵权损害赔偿、保险赔偿金的受益转让权等。

28. 【答案】 ABCE

【解析】D项属于签约过程中的违规操作。

29. 【答案】 ABCD

【解析】商业银行主要对抵押合同的内容进行审查，从而决定是否贷款给申请人。抵押合同应当包括以下内容：①被担保的主债权种类、数额；②债务人履行债务的期限；③抵押物的名称、数量、质量、状况、所在地、所有权权属或者使用权权属；④抵押担保的范围。

30.【答案】　ACDE

【解析】除首次放款外，以后的每次放款无须重复提交许多证明文件和批准文件等，通常只需提交的文件有：①提款申请书；②借款凭证；③工程检验师出具的工程进度报告和成本未超支证明；④贷款用途证明文件；⑤其他贷款协议规定的文件。

三、判断题

1.【答案】　A

【解析】保证人与商业银行可以就单个主合同分别订立保证合同，也可以协商在最高贷款限额内就一定期间连续发生的贷款订立一个保证合同，后者大大简化了保证手续。

2.【答案】　B

【解析】对于项目融资业务，在贷款存续期间，贷款人应当持续监测项目的建设和经营情况，根据贷款担保、市场环境、宏观经济变动等因素，定期对项目风险进行评价，并建立贷款质量监控制度和风险预警体系。出现可能影响贷款安全情形的，应当及时采取相应措施。

3.【答案】　B

【解析】无形资产与递延资产根据其原值采用平均年限法分期摊销，无形资产规定有效期限的，按规定期限平均摊销；没有规定使用期限的，按预计使用期限或者不少于10年的期限平均摊销。

4.【答案】　A

【解析】在计算现金流量时，折旧费支出、无形资产与递延资产摊销都不能作为现金流出，因为这三项费用只是项目内部的现金转移，固定资产投资、无形资产和递延资产投资已按其发生时间作为一次性支出计入项目的现金流出中，如果再将折旧等视为现金流出，就会出现重复计算。

5.【答案】　B

【解析】专项准备金由于不具有资本的性质，不能计入资本基础，同时在计算风险资产时，要将已提取的专项准备金作为贷款的抵扣从相应的贷款组合中扣除。

6.【答案】　A

【解析】挪用贷款的情况一般包括：①用贷款进行股本权益性投资；②用贷款在有价证券、期货等方面从事投机经营；③未依法取得经营房地产资格的借款人挪用贷款经营房地产业务；④套取贷款相互借贷牟取非法收入；⑤借款企业挪用流动资金搞基本建设或用于财政性开支或者用于弥补企业亏损，或者用于职工福利。

7.【答案】　B

【解析】资产结构是指各项资产占总资产的比重。资金结构是指借款人的全部资金中负债和所有者权益所占的比重及相互关系。

8.【答案】　B

【解析】商业银行对于应计提的贷款损失准备金的计算，建立在对贷款逐笔或分类分析的基础上。

9. 【答案】 B

【解析】风险处置是指在风险警报的基础上，为控制和最大限度地消除商业银行风险而采取的一系列措施。按照阶段划分，风险处置可以划分为预控性处置与全面性处置。

10. 【答案】 A

【解析】普通准备金又称一般准备金，是按照贷款余额的一定比例提取的贷款损失准备金。普通损失准备金所针对的贷款内在损失是不确定的．这种内在损失可能存在，也可能不存在，还有可能部分存在，但目前无法认定。因此，普通贷款损失准备金在一定程度上具有资本的性质，可以一定程度上用于弥补银行的未来损失。

四、综合题

1. (1)【答案】

	期初投资	第一年	第二年	第三年	第四年	第五年
销售收入	—	300	400	600	700	500
固定资产投资	1000	—	—	—	—	—
税前利润	—	-50	0	100	150	50
税前项目现金流	-1000	150	200	300	350	250

【解析】上表中各年份数据计算如下：年固定成本＝年折旧额＝(1000-0)/5＝200（万元），以下计算各年现金流时折旧额不作为现金流出。第一年税前利润＝300×(1-50%)-200＝-50（万元），税前项目现金流＝300×(1-50%)＝150（万元）；第二年税前利润＝400×(1-50%)-200＝0（万元），税前项目现金流＝400×(1-50%)＝200（万元）；第三年税前利润＝600×(1-50%)-200＝100（万元），税前项目现金流：600×(1-50%)＝300（万元）；第四年税前利润＝700×(1-50%)-200＝150（万元），税前项目现金流＝700×(1-50%)＝350（万元）；第五年税前利润＝500×(1-50%)-200＝50（万元），税前项目现金流＝500×(1-50%)＝250（万元）。

(2)【答案】 C

【解析】经测算，当折现率为8%时，净现值约为-24.09；当折现率为7%时，净现值约为5.02。根据插值计算公式：$FIRR = i_1 + (i_2 - i_1)|NPV_1|/(|NPV_1| + |NPV_2|)$ 可求得：内部收益率＝7%＋(8%-7%)×|5.02|/(|5.02|+|-24.09|)≈7.2%。

2. (1)【答案】 B

【解析】保证合同约定保证人承担保证责任直至主债务本息还清时为止等类似内容的，视为约定不明，保证期间为主债务履行期届满之日起二年。

(2)【答案】 C

【解析】若抵押物价值减少时，银行有权要求抵押人恢复抵押物的价值，或者提供与减少的价值相等的担保。题中，A公司借款200万元，抵押物价值仅为100万元，因此，B银行可要求保证人丙公司提供 100 万元的保证责任。

(3)【答案】 CD

【解析】C 项,《担保法》规定,在法律规定一定范围内的财产抵押时,双方当事人不但要签订抵押合同,而且要办理抵押物登记,否则抵押合同无效;D 项,办理一笔保证贷款通常需要保证人出具保证函,与贷款银行签订保证合同,这些法律性文件都必须有法定代表人签字并加盖公章才能生效,银行方面需要核对签字与印章。

3.(1)【答案】 B

【解析】销售所得现金 = 销售收入 − △应收账款 = 3000 − (200 − 150) = 2950(万元)。

(2)【答案】 A

【解析】购货所付现金 = 销售成本 − △应付账款 + △存货 = 1800 − (100 − 80) + (400 − 300) = 1880(万元)。

(3)【答案】 D

【解析】管理费用现金支出 = 管理费用 − 折旧 − 摊销 − △应付费用 + △预付费用 = 100 − 150 − (0 − 30) + (0 − 150) = − 170(万元)。

(4)【答案】 C

【解析】根据题中资料,Z 公司经营活动的现金净流量 = 销售所得现金流入 − 购货付出现金 + 其他业务现金流入 − 管理费用现金支出 + 投资收益现金流入 + 营业外现金收支净额 − 财务费用现金支出 − 缴纳所得税 = 2950 − 1880 + 200 − (− 170) + 150 + (− 50) − 80 − 330 = 1130(万元)。注意,由于△应付税金数据未知,本题不能用间接法计算,只能用直接法计算。

全国银行业专业人员职业资格考试热题库

《公司信贷（中级）》模拟试卷（三）

一、单项选择题（共80题，每小题0.5分，共40分。以下各小题所给出的四个选项中，只有一项符合题目要求，请选择相应选项，不选、错选均不得分）

1. 负责项目方案的准备、挑选、报请上级机关审批，以及项目的建设过程（包括设计、施工、设备购置安装等）的机构为项目的（　　）。
   A. 宣传机构　　　　B. 协作机构　　　　C. 经营机构　　　　D. 实施机构

2. 企业一定时期内的收入、成本费用、利润应列入（　　）。
   A. 利润表　　　　　B. 资产负债表　　　C. 现金流量表　　　D. 财务状况说明书

3. 项目建设期间发生的工程费用、工程其他费用及预备费属于（　　）。
   A. 流动资产投资　　B. 建筑工程费用　　C. 建设投资　　　　D. 固定投资

4. 进行信贷客户内部评级的评价主体是_____，评价目标是_____，评价结果是_____。（　　）
   A. 商业银行；偿债意愿；违约概率
   B. 商业银行；客户违约风险；信用等级
   C. 专业评级机构；偿债意愿；违约概率
   D. 专业评级机构；客户违约风险；信用等级

5. 流动资金分年使用计划应根据（　　）来安排。
   A. 项目的达产率　　B. 资金到位情况　　C. 资金来源渠道　　D. 建设进度

6. 在长期贷款发放过程中，商业银行应按照完成工程量的多少进行付款，这符合银行贷款发放的（　　）原则的要求。
   A. 适宜相容　　　　B. 进度放款　　　　C. 资本金足额　　　D. 计划、比例放款

7. 贷放分控中的"贷"，是指信贷业务流程中贷款调查、贷款审查和贷款审批等环节，尤其是指（　　）环节，以区别贷款发放与支付环节。
   A. 贷款调查　　　　B. 贷款审批　　　　C. 贷款审查　　　　D. 贷款发放

8. 关于我国银行贷款分类的核心定义，下列说法正确的是（　　）。
   A. 正常贷款是指借款人能够严格履行合同，有充分把握偿还贷款本息的贷款
   B. 关注贷款是指尽管借款人目前有能力偿还贷款本息，但其存在一些可能对偿还贷款本息产生不利影响的因素的贷款
   C. 次级贷款是借款人无法足额偿还本息，即使执行抵押或担保，也肯定要造成较大损失的贷款
   D. 损失贷款是指采取所有可能的措施之后依然无法收回的贷款

9. 下列关于借款人自主支付的表述，错误的是（　　）。

A. 在固定资产贷款中，自主支付应遵守贷款与资本金同比例到位的要求
B. 自主支付方式排斥贷款人对贷款资金用途的控制
C. 自主支付应遵守实贷实付原则
D. 自主支付是受托支付的补充

10. 融资性担保公司应当按照当年担保费收入的_____提取未到期责任准备金，并按不低当年年末担保责任余额_____的比例提取担保赔偿准备金。（ ）
    A. 50%；1%   B. 50%；2%   C. 45%；1%   D. 45%；2%

11. 在固定资产贷款中，（ ）是实贷实付的基本要求。
    A. 满足有效信贷需求   B. 按进度发放贷款
    C. 协议承诺   D. 受托支付

12. 债项评级工作流程中，不属于贷前程序的是（ ）。
    A. 评级更新   B. 评级发起   C. 评级认定   D. 评级推翻

13. 下列关于贷款合同管理的说法，不正确的是（ ）。
    A. 通过签订合同建立法律关系的行为是一种民事法律行为
    B. 贷款合同管理工作隶属于银行业金融机构内部管理工作
    C. 是对贷款合同的制定、修订、选用等一系列行为进行管理的活动
    D. 是按银行业金融机构内部控制与风险管理的要求，对贷款合同进行管理的

14. 在抵押期间，（ ）有权收取抵押物所生的天然孳息与法定孳息。
    A. 抵押权人   B. 担保人   C. 借款人   D. 抵押人

15. 商业银行中长期贷款结清后，原则上贷款档案需要再保管（ ）年。
    A. 5   B. 10   C. 15   D. 20

16. L公司今年主营业务收入3000万元，主营业务成本2000万元，营业费用200万元，管理费用150万元，财务费用50万元，投资收入300万元，营业税率5%，所得税率25%，该公司该年主营业务利润、利润总额和净利润分别为（ ）万元。
    A. 1000、750、562.5   B. 850、750、562.5
    C. 650、800、600   D. 650、750、562.5

17. 贷款合同制定原则中的适宜相容原则是指（ ）。
    A. 贷款合同要符合银行业金融机构自身各项基本制度的规定和业务发展需求
    B. 贷款合同文本内容应力求完善，借贷双方权利义务明确，条理清晰
    C. 贷款合同要在法律框架内充分维护银行业金融机构的合法权益
    D. 贷款合同不违反法律、行政法规的强制性规定

18. 下列选项中不属于广义信贷期限的是（ ）。
    A. 宽限期   B. 用款期   C. 还款期   D. 提款期

19. M企业在N银行有一笔一年期流动资金贷款即将到期，但M企业集团因季节性因素影响了销售及资金回笼，资金暂时出现不足，无法偿还在N银行的贷款。下列各项中表述正确的是（ ）。
    A. N银行业务部门客户经理对M企业展期条件审查核实后，可直接批准企业展期申请

B. M 企业应在到期前向银行提出贷款展期申请

   C. 为确保企业足额还款且不影响其正常生产，N 银行可同意企业展期期限为两年

   D. 若 M 企业未向 N 银行提出展期申请，其贷款自到期之日起，转入次级类贷款

20. 下列不属于绘制定位图需要考虑的维度变量属性的是（   ）。

   A. 非重要属性   B. 客观属性   C. 主观属性   D. 重要属性

21. 下列关于固定资产贷款中借款人提前还款的表述，错误的是（   ）。

   A. 如果借款人提前还款，应一次性偿还全部剩余本金

   B. 借款人应在征得银行同意后，才可以提前还款

   C. 如果借款人希望提前归还贷款，应与银行协商

   D. 对已提前偿还的部分不得要求再贷

22. 下列不是一级文件的是（   ）。

   A. 贷前审批文件   B. 银行承兑汇票

   C. 政府和公司债券   D. 抵押物的物权凭证

23. （   ）是商业银行贷款保证人履行保证义务的实际能力。

   A. 保证实力   B. 保证措施   C. 保证意愿   D. 保证策略

24. 下列借款需求不合理的是（   ）。

   A. 公司上年度严重亏损，仍希望按往年惯例发放高额红利

   B. 公司为了规避债务协议限制，想要归还现有借款

   C. 公司销售快速增长，无法按时偿还应付账款

   D. 公司希望换一家贷款银行来降低融资利率

25. 项目贷款的贷后检查不包括以下哪项？（   ）

   A. 项目建设期检查   B. 项目经营期检查

   C. 项目申报程序检查   D. 项目试生产期检查

26. 如果流动比率大于 1，则下列结论一定成立的是（   ）。

   A. 现金比率大于 1   B. 速动比率大于 1

   C. 短期偿债能力绝对有保障   D. 营运资金大于零

27. 统计预警法是（   ）。

   A. 对警兆自变量与警度进行回归分析，再根据警兆变动确定警度的方法

   B. 对警素之间的相关关系进行相关分析，确定其先导长度和强度，再根据警素变动确定警级、警度的方法

   C. 对警兆之间的相关关系进行相关分析，确定其先导长度和强度，再根据警兆变动确定警级、警度的方法

   D. 对警兆和警素之间相关关系进行相关分析，确定其先导长度和强度，再根据警兆变动确定警级、警度的方法

28. 根据《巴塞尔新资本协议》要求，下列关于客户信用评级的表述正确的是（   ）。

   A. 能有效区分违约客户，准确量化客户违约风险

   B. 须由专业评级机构对特定债务人进行整体评估

   C. 主要依靠专家定性分析，评级对象主要是企业

D. 依靠财务报表分析评估借款人偿债能力

29. 预警处置是一个（　　）的过程。
    A. 在接收风险信号、评估、衡量风险基础上提出有无风险、风险大小、风险危害程度及风险处置、化解方案
    B. 在前期预警基础上提出有无风险、风险大小、风险危害程度
    C. 借助预警操作工具对银行贷款全过程进行监控考核
    D. 接收风险信号、评估、衡量风险

30. 某公司年初流动比率为2.2，速动比率为1.0；年末流动比率为2.5，速动比率为0.8。在其他条件不变的情况下，下列各项中可以解释年初与年末差异的是（　　）。
    A. 存货增加，现金小幅减少   B. 应收账款的收回速度加快
    C. 相对于现金销售，赊销增加   D. 应付账款增加

31. 以下说法不正确的是（　　）。
    A. 速动比率一般应保持在100%以上
    B. 在计算速动比率时，存货、预付账款、待摊费用不计入速动资产
    C. 对企业而言，速动比率越高越好，说明企业有极高的资产变现能力
    D. 速动比率用于衡量企业流动资产中可以立即变现用于偿还流动负债的能力

32. 商业银行对项目的组织机构条件进行评估，就是要了解与项目实施有关的机构现状，并提出加强和改善的建议，以保证项目目标的实现，项目的组织机构不包括（　　）。
    A. 项目的协作机构   B. 项目的经营机构
    C. 项目的审批机构   D. 项目的实施机构

33. 商业银行在预测项目产品的市场需求时，估计产品潜在的市场需求总量的影响因素不包括（　　）。
    A. 单位产品的价格
    B. 项目产品的合格率
    C. 购买者的平均购买量
    D. 给定条件下特定产品或市场中的购买者的数量

34. 借款人因购买商品或服务获得的商业信用减少而导致的借款需求，属于（　　）。
    A. 销售变化引起的需求   B. 其他变化引起的需求
    C. 资产变化引起的需求   D. 负债变化引起的需求

35. 下列各项中，引起企业净现金流量变动的活动是（　　）。
    A. 将现金存入银行   B. 用存货抵偿债务
    C. 用银行存款购入一个月到期的债券 D. 用现金等价物清偿30万元的债券

36. 下列各项中，能作为呆账核销的是（　　）。
    A. 借款人不能偿还到期债务，银行依法取得抵债资产，抵债金额小于贷款本息的差额，经追偿后无法收回的债权
    B. 违反法律、法规的规定，以各种形式逃废或者悬空的银行债权
    C. 借款人或者担保人有经济偿还能力，未按期偿还的银行债权

D. 银行未向借款人和担保人追偿的债权

37. 下列选项中，不能通过项目现金流量表计算的指标是（   ）。
   A. 净现值　　　　B. 流动比率　　　　C. 内部收益率　　　　D. 投资回收期

38. 按照"首问负责"原则，存量贷款客户由（   ）进行维护和管理并承担相应责任，原则上不移交。
   A. 后台人员　　　　　　　　　　　　B. 支行主管
   C. 调查分析的信贷员　　　　　　　　D. 拥有授权权限的审批人员

39. （   ）是考察项目单位投资盈利能力的静态指标。
   A. 财务内部收益率　　　　　　　　　B. 投资利润率
   C. 净现值率　　　　　　　　　　　　D. 净现值

40. 下列各项中，不属于项目评估内容的是（   ）。
   A. 项目建设的必要性与建设配套条件　B. 编制可行性研究报告
   C. 项目担保及风险分担　　　　　　　D. 项目技术评估

41. 商业银行的普通准备金可以计入其资本基础的附属资本，但计入的普通准备金不能超过其加权风险资产的（   ），超过部分不再计入。
   A. 2.50%　　　　B. 2.00%　　　　C. 1.25%　　　　D. 1.00%

42. 不属于贷款项目评估中对税金的审查内容为（   ）。
   A. 计算公式是否正确　　　　　　　　B. 税金的分配顺序是否正确
   C. 所采用的税率是否符合现行规定　　D. 项目所涉及的税种是否都已计算

43. 授权适度原则指银行业金融机构应按照信贷风险控制和（   ）两方面的要求，合理确定授权金额及行权方式，以实现集权与分权的平衡。
   A. 获取最大利息收入　　　　　　　　B. 提高贷款份额
   C. 提高审批效率　　　　　　　　　　D. 扩大贷款数额

44. 项目财务内部收益率是指项目在计算期内各年净现金流量现值累计（   ）时的折现率，它反映项目所占用资金的盈利水平。
   A. 小于0　　　　B. 等于0　　　　C. 大于0　　　　D. 等于1

45. 贷后管理中，银行应对借款企业进行贷后监控，以下属于借款企业财务风险的是（   ）。
   A. 主要股东、关联企业或母子公司等发生重大的不利变化
   B. 产品质量或服务水平出现明显下降
   C. 销售额下降，成本提高，收益减少，经营亏损
   D. 有抽逃资金的现象，同时仍在申请新增贷款

46. 按规定，无形资产规定有效期的，按规定期限平均摊销；没有规定有效期的，按预计使用期限或者不少于（   ）的期限平均摊销。
   A. 10 年　　　　B. 5 年　　　　C. 3 年　　　　D. 1 年

47. 已知保证人罗云信用风险限额为 350 万，对银行的负债为 200 万，此次申请保证贷款本息为 45 万，保证率为（   ）。
   A. 12%　　　　B. 16%　　　　C. 30%　　　　D. 40%

48. 银行在进行贷款项目评估时，需剔除（　　）。
   A. 项目可行性研究报告中可能影响评估结果的各种非客观因素
   B. 系统性风险因素
   C. 偶然因素影响
   D. 通胀率影响

49. 资产负债率和利息保障倍数均属于（　　）。
   A. 负债比率　　B. 杠杆比率　　C. 盈利比率　　D. 资产比率

50. 投资者、决策机构和金融机构实施项目、决策项目和提供贷款的主要依据是（　　）。
   A. 项目评估
   B. 项目效益
   C. 项目财务评估
   D. 项目可行性研究报告

51. 下列财务比率中，属于效率比率指标的是（　　）。
   A. 总资产周转率　　B. 销售利润率　　C. 资产负债率　　D. 营业利润率

52. 借款人分析不包括（　　）。
   A. 技术改造项目借款人分析
   B. 临时停产项目借款人分析
   C. 改扩建项目借款人分析
   D. 新建项目借款人分析

53. 以下跨境人民币业务产品中，不属于非融资类保函的是（　　）。
   A. 预付款保函　　B. 留置金保函　　C. 付款保函　　D. 借款保函

54. 行业按照对经济周期变迁的应变程度可分为三类，不包括（　　）。
   A. 防御型行业　　B. 周期型行业　　C. 成长型行业　　D. 增长型行业

55. 由于对核心资产的大量投资，营运现金流在短期内是不足以完全偿还外部融资的，对于这部分融资需求，实际是一种（　　）。
   A. 长期融资需求
   B. 非预期性支出
   C. 短期融资需求
   D. 季节性融资需求

56. 下列关于工艺技术方案评估的说法，错误的是（　　）。
   A. 要熟悉项目产品国内外现行工业化生产的工艺技术特点及优缺点
   B. 要对所收集到资料和数据的完整性、可靠性、准确性进行研究
   C. 要了解国内外同类项目技术与装备的发展趋势
   D. 目的是分析工艺的先进性

57. 以下关于信贷资产质量指标的表述不正确的是（　　）。
   A. 信贷平均损失比率从动态上反映了目标区域信贷资产整体质量
   B. 不良率变幅为正，说明资产质量下降，区域风险上升
   C. 信贷余额扩张系数过大或过小都可能导致风险上升
   D. 信贷资产相对不良率越高，区域风险越高

58. 下列关于项目经营机构分析的说法，错误的是（　　）。
   A. 项目经营机构应具有根据市场变化而不断改变经营方针、内容和方式的能力
   B. 项目经营机构的规模应取决于项目的年产量或提供服务的能力及范围
   C. 应依照项目的经营程序，审查项目经营机构的设置是否精简高效
   D. 应审查项目经营机构的设置能否满足项目的要求

59. 对于（   ），银行确立贷款意向后，除提交一般资料，还应提交国家计划部门关于筹资方式、外债指标的批文。
    A. 政府贷款项目   B. 出口打包贷款   C. 票据贴现   D. 转贷款

60. Q公司2013年全年利润率为8%，资产使用效率为100%，财务杠杆为1，股息分红占净利润的比率为20%，则该公司2009年的可持续增长率为（   ）。
    A. 9.12%   B. 6.84%   C. 4.55%   D. 3.65%

61. 按照年经营成本或年销售收入的一定比例计算流动资金需用量的方法为（   ）。
    A. 分项详细估算法   B. 资产负债表法
    C. 比例系数法   D. 趋势分析法

62. 可能会增加银行信贷风险的理论是（   ）。
    A. 超货币供给理论   B. 预期收入理论
    C. 真实票据理论   D. 资产转换理论

63. 关于固定资产原值的确定，下列说法正确的是（   ）。
    A. 购入固定资产按合同协议确定的价值入账
    B. 融资租入的固定资产按缴纳各期租金的现值入账
    C. 构建固定资产缴纳的投资方向调节税、耕地占用税不计入固定资产原值
    D. 与构建固定资产有关的建设期支付的贷款利息和发生的汇兑损失应计入相应的固定资产原值

64. 利润表分析通常采用（   ）。
    A. 比率分析法   B. 比较分析法   C. 结构分析法   D. 趋势分析法

65. 项目投产初期，要根据（   ）估算各年达产率。
    A. 市场产量水平   B. 设计生产能力   C. 项目实际产量   D. 项目销售收入

66. 为防止债务人的财产被隐匿、转移或者毁损灭失，保障日后执行顺利进行，银行可以依法采取（   ）。
    A. 财产清查   B. 财产保全   C. 提起诉讼   D. 申请支付令

67. （   ）中必备的条款包括贷款种类、贷款利率、还款方式、还款期限等。
    A. 抵押合同   B. 借款合同   C. 质押合同   D. 保证合同

68. 银行一般通过（   ）来覆盖非预期损失。
    A. 银行贷款   B. 提取准备金   C. 提取资本金   D. 提取流动资金

69. 贷款经批准后，银行业务人员应先（   ）。
    A. 发放贷款   B. 通知有关人员
    C. 落实贷款批复条件   D. 与借款人签署借款合同

70. 客户偿还长期债务的保障能力主要通过（   ）考察。
    A. 财务杠杆比率   B. 资产负债率   C. 营运能力   D. 盈利能力

71. 下列关于贷款合同填写要求的说法，错误的是（   ）。
    A. 合同条款有空白栏，根据实际情况不准备填写内容的，应加盖"此栏空白"字样的印章
    B. 贷款金额、贷款期限、贷款利率、担保方式等条款要与贷款最终审批意见一致

C. 合同文本可依据贷款的不同适用不同的格式
D. 合同填写必须做到标准、规范、要素齐全

72. 风险预警系统进行风险分析的过程是（　　）。
   A. 输入预测系统或预警指标体系→输出结果→信用信息处理→与预警参数比较→预测系统对未来内外部环境预测或预警指标经过运算估计未来风险情况→作出警报决策
   B. 信用信息处理→输入预测系统或预警指标体系→输出结果→与预警参数比较→预测系统对未来内外部环境预测或预警指标经过运算估计未来风险情况→作出警报决策
   C. 输入预测系统或预警指标体系→信用信息处理→输出结果→与预警参数比较→预测系统对未来内外部环境预测或预警指标经过运算估计未来风险情况→作出警报决策
   D. 信用信息处理→输入预测系统或预警指标体系→预测系统对未来内外部环境预测或预警指标经过运算估计未来风险情况→输出结果→与预警参数比较→作出警报决策

73. 对于项目融资业务还款账户的监控，贷款人应要求借款人指定专门的（　　），并约定所有项目的资金收入均须进入此账户。
   A. 融资账户　　B. 还款账户　　C. 项目收入账户　　D. 项目支出账户

74. 下列关于行业风险分析框架中盈亏平衡点的说法，错误的是（　　）。
   A. 一般低经营杠杆企业的盈亏平衡点较高
   B. 盈亏平衡点越高，（行业）盈利风险越大
   C. 指某一企业销售收入与成本费用相等的那一点
   D. 企业销售收入只有在盈亏平衡点以上时，才有可能盈利

75. 预控性处置发生在（　　）。
   A. 风险预警报告已经作出，决策部门尚未采取措施前
   B. 风险预警报告尚未作出，决策部门尚未采取措施
   C. 风险预警报告已经作出，决策部门已经采取措施
   D. 风险预警报告正式作出前

76. R公司今年流动资产8300万元，存货890万元，应收账款100万，预付账款2100万元，待摊费用1900万元，流动负债1210万元，公司的速动比率为（　　）。
   A. 1.32　　B. 1.36　　C. 2.74　　D. 2.82

77. 根据《民法通则》的规定，债权适用（　　）年诉讼时效规定。
   A. 4　　B. 3　　C. 2　　D. 1

78. 用商业银行成本加成法，S公司向银行申请1000万元贷款，该行上季度的资金平均成本为3%，上季度非资金性营业成本为日均贷款余额的2%，贷款违约风险补偿2%，目标利润率1%，则银行贷款定价为（　　）。
   A. 8%　　B. 7%　　C. 6%　　D. 5%

79. 资本寻求其生存和发展的各种必要条件集中表现为项目对（　　）。

A. 利润的追逐 B. 基础设施的要求
C. 投资环境的选择 D. 国民经济的平衡

80. U厂购进一台价值100万元的机器设备，预计净残值率为10%，折旧年限10年，按照平均年限法计算，则第九年应计提折旧为（ ）万元。
A. 9 B. 10 C. 11 D. 11.1

二、**多项选择题**（共30题，每小题1分，共30分。以下各小题所给出的五个选项中，只有两项或两项以上符合题目要求，请选择相应选项，不选、错选均不得分）

1. 贷款合同审查主要是对信贷业务中涉及的（ ）进行检查。
   A. 质押合同 B. 借款合同
   C. 保证合同 D. 抵押合同
   E. 留置合同

2. 贷款发放中，对于借款合同，应着重审查的必备条款有（ ）。
   A. 附加条款 B. 贷款利率
   C. 还款期限 D. 还款方式
   E. 贷款种类

3. 在审核借款凭证时，信贷员应确认贷款合同的（ ）等正确、真实无误。
   A. 用途 B. 金额
   C. 账号 D. 预留印鉴
   E. 提款申请书

4. 坚持评估的客观公正性原则，要求项目评估人员（ ）。
   A. 克服孤立地、静止地分析问题的僵化思想
   B. 全面系统地掌握可靠的信息资料
   C. 克服主观随意性和片面性
   D. 避免各种先入为主的观念
   E. 深入调查研究

5. 贷款发放时，银行要核查提款申请书中的（ ）等要素，确保提款手续正确无误。
   A. 首次提款 B. 提款次数
   C. 提款日期 D. 提款金额
   E. 划款途径

6. 下列担保形式中，不动产不能作为担保物的有（ ）。
   A. 抵押 B. 留置
   C. 质押 D. 动产担保
   E. 不动产担保

7. 银行在对贷款项目的技术工艺流程分析中，对工艺技术方案的分析评估的内容包括（ ）。
   A. 设备的配套性 B. 工艺技术的原材料适应性

C. 工艺技术的先进性和成熟性　　D. 技术来源的可靠性和经济性
   E. 产业基础和生产技术水平的协调性

8. 客户的长期资金主要由（　　）构成。
   A. 银行存款　　　　　　　　　B. 长期负债
   C. 长期投资　　　　　　　　　D. 流动负债
   E. 所有者权益

9. 一个公司的可持续增长率主要取决于（　　）。
   A. 资产使用效率　　　　　　　B. 存货周转率
   C. 财务杠杆　　　　　　　　　D. 留存利润
   E. 利润率

10. 银行在分析项目工艺技术方案时，应考虑技术来源的经济性，这就要考虑工艺技术的运营成本。工艺技术运营成本包括（　　）。
    A. 工艺设备及厂房折旧费　　　B. 原材料及能源消耗费
    C. 贷款利息等财务费用　　　　D. 维护运转费
    E. 人员工资

11. 对长期销售增长的企业，满足其核心流动资产增长的长期融资方式包括（　　）。
    A. 存货　　　　　　　　　　　B. 应计费用
    C. 应付账款　　　　　　　　　D. 营运资本投资的增加
    E. 核心流动负债的增长

12. 企业缴完所得税以后的利润分配包括（　　）。
    A. 支付各项税收的滞纳金和罚款　B. 弥补被没收财务的损失
    C. 向投资者分配利润　　　　　　D. 弥补以前年份亏损
    E. 偿还银行借款

13. 下列属于商业银行防范贷款虚假质押风险的措施有（　　）。
    A. 对调查不清、认定不准所有权及使用权的财产或权利，不能盲目接受其质押
    B. 要切实核查质押动产在品种、数量、质量等方面是否与质押权证相符
    C. 银行要将质押证件作为重要有价单证归类保管，一般不应出借
    D. 银行查证质押票证时，有密押的应通过联行核对
    E. 银行要认真审查质押贷款当事人行为的合法性

14. 分析项目产品的质量标准时，应综合考虑（　　）等因素。
    A. 工艺技术水平　　　　　　　B. 原料价格
    C. 经济效益　　　　　　　　　D. 原料品种
    E. 市场需求

15. 前期调查的目的主要在于确定（　　）。
    A. 是否能够受理该笔贷款业务　B. 是否正式开始贷前调查工作
    C. 是否进行后续贷款洽谈　　　D. 是否提高贷款利率
    E. 是否进行信贷营销

16. 项目组织机构主要包括（　　）。

A. 人力资源机构 B. 项目宣传机构
C. 项目实施机构 D. 项目经营机构
E. 项目协作机构

17. 对借款人流动资金需求分析与测算中，主要考虑的因素包括（   ）。
A. 借款人经营规模 B. 借款人运作模式
C. 结算方式 D. 季节性
E. 技术性

18. 假设一家公司的财务信息如下：

单位：万元

总资产	21678	销售收入	29962
总负债	11946	净利润	1572
所有者权益	9732	股息分红	608

依据上述信息，下列指标计算中正确的有（   ）。（注：计算精确到个位。）
A. 公司的可持续增长率为11% B. 公司的资本回报率为16%
C. 公司的资产负债率为55% D. 公司的红利支付率为59%
E. 公司的利润留存比率为61%

19. 下列关于贷款支付与发放的表述，正确的有（   ）。
A. 贷款人应根据借款人的行业特征、经营规模、管理水平、信用状况等因素和贷款业务品种，合理确定贷款资金支付方式及贷款人受托支付的金额标准
B. 贷款人应就借款人的借款用途进行尽职调查，贷款人不得发放无指定用途的公司贷款
C. 对单笔资金支付超过项目总投资5%或超过500万元人民币的固定资产贷款，应采用贷款人受托支付方式
D. 贷款人应贴近借款人实际，合理测算借款人的流动资金需求，进而确定流动资金贷款的额度和期限，适当超额授信
E. 流动资金贷款不得用于固定资产投资，但可以用于股权投资

20. 商业银行信贷批复文件中可附带的限制性条款包括（   ）。
A. 股东分红的限制 B. 对外担保的限制
C. 偿债优先权的要求 D. 资本性支出的限制
E. 配合贷后管理的要求

21. 商业银行公司信贷管理的原则包括（   ）。
A. 诚信申贷原则 B. 贷放分控原则
C. 实贷实付原则 D. 协议承诺原则
E. 全流程管理原则

22. 下列关于贷款支付的表述，正确的是（   ）。
A. 支付对象明确且单笔支付金额较大的流动资金贷款，原则上应采取受托支付方式

B. 与借款人新建立信贷业务关系且借款人信用状况一般的流动资金贷款，原则上应采用受托支付方式

C. 对单笔资金支付超过项目总投3%或超过300万元人民币的固定资产贷款，应采用贷款人受托支付方式

D. 对单笔资金支付超过项目总投资5%或超过500万元人民币的固定资产贷款，应采用贷款人受托支付方式

E. 银行应根据借款人的行业特征、经营规模、管理水平、信用状况等因素和贷款业务品种，合理约定贷款资金支付方式及贷款人受托支付的金额标准

23. 责任行为可能发生于信贷人员对贷款（　　）的过程中。
    A. 日常管理　　　　　　　　B. 贷后管理
    C. 放款支付　　　　　　　　D. 调查分析
    E. 决策审批

24. 关于偿还能力，下列说法正确的有（　　）。
    A. 企业营运能力越强，说明其资产利用效率越高，银行信贷资金沉淀为无效资产就越少
    B. 企业营运资金为正，说明其是用长期资金支持部分流动资产
    C. 企业营运能力越强，资产周转速度越快，取得收入和利润越多，可用于偿还短期债务的能力越强
    D. 企业营运能力越强，说明其资产变现速度越快，可用于偿付流动负债的能力越强
    E. 企业营运资金为正，说明其是用流动负债支持部分长期资产

25. 下列属于贷款合同签订过程中违规操作的有（　　）。
    A. 借款合同的变更不符合法律规定
    B. 抵押手续不完善或抵押物不合格
    C. 对借款人基本信息重视程度不够
    D. 对有权签约人主体资格审查不严
    E. 未明确约定银行提前收回贷款以及解除合同的条件

26. 《担保法》规定的法定担保范围包括（　　）。
    A. 利息　　　　　　　　　　B. 违约金
    C. 执行费　　　　　　　　　D. 损害赔偿金
    E. 鉴定评估费

27. 关于贷款发放的先决条件，下列说法正确的有（　　）。
    A. 与项目有关的协议主要包括已正式签署的合营合同、建设合同或建造合同、商标和商业名称许可合同、培训和实施支持合同等
    B. 主要体现为贷款类文件，公司类文件，与项目有关的协议，担保类文件，与登记、批准、备案、印花税有关的文件等
    C. 公司类文件主要指企业法人营业执照、批准证书、公司章程、全体董事名单及签字样本等

D. 贷款类文件主要指借款合同或贷款协议
E. 通常不列入借款合同

28. 根据借款人的（　　）等因素，贷款人应判断是否需要对客户资金回笼情况进行更进一步的监控。
    A. 还款来源的现金流入特点
    B. 本机构融资占比
    C. 生产经营情况
    D. 总体融资规模
    E. 信用状况

29. 下列关于质押的说法正确的有（　　）。
    A. 质押担保的范围包括主债权及利息、违约金、损害赔偿金、但不包括实现债权的费用
    B. 在质押担保中，质押物价值大于所担保债权的余额部分，可以再次设定抵押
    C. 债权人有权以该质押财产折价或者以拍卖、变卖该财产的价款优先受偿
    D. 贷款质押以转移质物占有和权利凭证交付之日起生效或登记之日起生效
    E. 在质押期间，质权人依法有权收取质物所生的天然孳息和法定孳息

30. 借款人还清借款本息后，商业银行客户经理应对贷款项目和信贷工作进行全面的总结，便于其他客户经理借鉴参考。贷款总结评价的主要内容包括（　　）。
    A. 贷款基本评价
    B. 客户的管理优势
    C. 客户的经营变化情况
    D. 有助于提升贷后管理水平的经验
    E. 贷款管理中出现的问题及解决措施

三、判断题（共10题，每小题1分，共10分。请判断以下各小题的对错，正确的用"A"表示，错误的用"B"表示。）

1. 计算经营活动现金流量净额时，可以利润表为基础，根据资产负债表期初期末的变动数进行调整。（　　）
2. 净现值率主要用于投资额不等的项目之间的比较，净现值率越大，表明项目单位投资能获得的净现值就越大，项目的效益就越好。（　　）
3. 财务净现值小于零，表明项目的获利能力超过基准收益率或设定收益率。一般来说，该项目可以接受。（　　）
4. 投资回收期、净现值、净现值率、内部收益率四项指标的计算都必须使用资产负债表。（　　）
5. 区域风险分析关键是要判断影响信贷资金安全的因素都有哪些，该区域最适合什么样的信贷结构，信贷的风险成本收益是否匹配等。（　　）
6. 在长期贷款中，商业银行应审查借款人是否在规定的提款期内提款。除非借贷双方同意延长，否则提款期过期后无效，未提足的贷款不能再提。（　　）
7. 现金流量中的现金包括库存现金、活期存款、其他货币性资金以及六个月以内的债券投资。（　　）
8. 根据《项目融资业务指引》的规定，贷款人从事项目融资业务，应当以盈利能力分析为核心，重点从项目技术可行性、财务可行性和还款来源可靠性等方面评估项目风险，审

慎预测项目的未来收益和现金流。( )
9. 贷款逾期后,银行对应收未收的利息、罚息,要按照复利计收。( )
10. 若拟投资项目生命周期处于导入期的,银行一般不会提供授信支持。( )

四、综合题(共 20 分)

1. 资产负债表和利润表是根据 C 公司去年资产负债表及利润表整理的简化表,只列示了部分项目情况(假定无其他因素影响)。

资产负债表   单位:万元

资产	期初金额	期末金额	负债	期初金额	期末金额
应收账款	150	250	应付账款	150	80
存货	300	400	应付利息	10	10
固定资产	1500	1500	应付职工薪酬	0	0
累计折旧	100	300	应交税费	0	0
固定资产净额	1400	1200			

利润表   单位:万元

项目	金额	项目	金额
营业收入	3000	营业利润	800
营业成本	1800	营业外收支净额	0
销售费用	200	利润总额	800
管理费用	100	所得税	200
财务费用	100	净利润	600

根据上述信息完成下列题目。(请将答案填写在括号中)

(1)该公司去年经营活动现金流入为( )万元。(填空题,1 分)
(2)该公司去年度经营活动现金流出为( )万元。(填空题,1 分)
(3)该公司去年度应收账款周转率为( )次。(填空题,1 分)
(4)该公司去年度存货周转天数为( )天(一年按 360 天计算)。(填空题,1 分)
(5)该公司去年度成本费用利润率为( )%(四舍五入,小数点后保留两位)。(填空题,1 分)
(6)该公司去年末,流动资产与速动资产的差为( )万元。(填空题,1 分)

2. 已知 D 项目前 5 年的净现金流量如下表所示。

D 项目净现金流量表   单位:万元

年份	0	1	2	3	4	5
净现金流量	-500	50	150	200	250	250

注：19%的第1～5年的折现系数分别为0.8403、0.7062、0.5934、0.4987、0.4190。根据以上资料，回答下列问题。

(1) 已知当折现率为18%时，本项目的NPV为8.52万元。当折现率为20%时，本项目的NPV为－14.49万元，则项目的财务内部收益率为（   ）。（单项选择题，2分）

  A. 19.55% B. 19.26% C. 18.95% D. 18.74%

(2) 如果项目的设定折现率为19%，下列说法正确的是（   ）。（单项选择题，2分）

  A. 项目NPV＞0，可接受 B. 项目NPV＜0，可接受

  C. 项目NPV＜0，不可接受 D. 项目NPV＞0，不可接受

(3) 为了使负债水平不同和筹资成本不同的项目具有共同的比较基础，评估中需编制（   ）。（单项选择题，2分）

  A. 全部投资现金流量表 B. 自有资金现金流量表

  C. 资金来源与运用表 D. 资产负债表

(4) 主要用于选择资金筹措方案的报表为（   ）。（单项选择题，1分）

  A. 利润表 B. 资金来源与运用表

  C. 全部投资现金流量表 D. 自有资金现金流量表

3. E银行同意为F公司贷款2亿元，用于某固定资产投资项目，该项目总投资额为3亿元，其余项目资金为借款人自有资金。9月份该借款人部分贷款交付方式为自主支付，信息如下：

日期	用途	金额（万元）	支付对家	账户银行
9月2日	工程款	200	A工程公司	甲银行
9月5日	增资款	400	同名账户	乙银行
9月8日	采购钢材	480	B钢厂	丙银行
9月8日	采购钢材	200	B钢厂	丙银行
9月10日	采购水泥	550	C水泥厂	丁银行

请根据以上情况完成下列问题。

(1) 当贷款资金投放8000万元时，借款人自有资金最低应投入（   ）万元。（填空题，1分）

(2) 关于9月5日自主支付400万元，下列说法正确的是（   ）。（单项选择题，2分）

  A. 贷款使用违规，应要求客户尽快将款项划回，并尽快归还贷款

  B. 化整为零规避受托支付

  C. 借款人属于贷款诈骗

  D. 贷款使用合法合规

(3) 关于9月8日采购钢材款480万元和200万元，下列说法正确的是（   ）。（单项选择题，2分）

A. 有挪用贷款嫌疑

B. 贷款资金支付正常，无违规嫌疑

C. 贷款用途与约定用途相符，可以自主支付

D. 有化整为零规避受托支付嫌疑，应进一步核实

(4) 关于9月10日采购水泥款550万元，下列说法正确的是（　　）。（单项选择题，2分）

A. 该项目受托支付起点为1600万元，该笔支付不符合要求

B. 该项目受托支付起点为500万元，该笔支付不符合要求

C. 该项目受托支付起点为400万元，该笔支付不符合要求

D. 该项目受托支付起点为1000万元，该笔支付符合要求

模拟试卷（三）参考答案及解析

一、单项选择题

1.【答案】 D

【解析】项目方案的准备、挑选、报请上级机关审批，以及项目的建设过程（包括设计、施工、设备购置安装等）一般由项目的实施机构（我国称为项目建设单位）负责。建设单位不一定具体承担建设工作，但对整个建设过程负责。

2.【答案】 A

【解析】利润表又称损益表，它是通过列示借款人在一定时期内取得的收入，所发生的费用支出和所获得的利润来反映借款人一定时期内经营成果的报表。

3.【答案】 C

【解析】项目总投资由建设投资、流动资金、投资方向调节税和建设期利息四部分组成。其中，建设投资按用途可分为工程费用、工程其他费用及预备费。

4.【答案】 B

【解析】客户信用评级是商业银行对客户偿债能力和偿债意愿的计量和评价，反映客户违约风险的大小。客户评级的评价主体是商业银行，评价目标是客户违约风险，评价结果是信用等级。

5.【答案】 A

【解析】应根据项目的建设进度、资金来源渠道和资金到位情况安排全部建设资金分年使用计划和建设资金中各种渠道的资金的分年使用计划；应根据项目的达产率安排流动资金分年使用计划。

6.【答案】 B

【解析】贷款发放的进度放款原则是指在中长期贷款发放过程中，银行应按照完成工程量的多少进行付款。如果是分次发放或发放手续较复杂，银行应在计划提款日前与借款人取得联系。

7.【答案】 B

【解析】贷放分控中的"贷"，是指信贷业务流程中贷款调查、贷款审查和贷款审批等

环节，尤其是指贷款审批环节，以区别贷款发放与支付环节；"放"是指放款，特指贷款审批通过后，由银行通过审核，将符合放款条件的贷款发放或支付出去的业务环节。

8. 【答案】 B

【解析】A 项，是美国对正常贷款的定义，根据我国《贷款风险分类指引》的规定，正常贷款是指借款人能够履行合同，没有足够理由怀疑贷款本息不能按时足额偿还的贷款；C 项是我国可疑贷款的定义；D 项，损失贷款是指在采取所有可能的措施和一切必要的法律程序后，本息仍然无法收回，或只能收回极少部分的贷款。

9. 【答案】 B

【解析】B 项，借款人自主支付方式并不排斥贷款人对贷款资金用途的控制。在借款人自主支付方式下，贷款人也可以与借款人协商采取措施，对贷款资金支付进行监督和控制。

10. 【答案】 A

【解析】融资性担保公司应当按照当年担保费收入的 50% 提取未到期责任准备金，并按不低于当年年末担保责任余额 1% 的比例提取担保赔偿准备金。担保赔偿准备金累计达到当年担保责任余额 10% 的，实行差额提取。

11. 【答案】 B

【解析】按进度发放贷款是实贷实付的基本要求。欧美银行业金融机构在贷款发放过程中，要求根据项目进度和借款人项目资金运用情况按比例发放贷款，及时慎重地调整贷款发放的节奏和数量，这是贷款发放的最基本要求。

12. 【答案】 A

【解析】A 项，评级更新属于贷后程序。

13. 【答案】 B

【解析】贷款合同本身的特征决定了贷款合同管理工作不同于银行业金融机构内部管理工作，涉及大量的法律专业问题，应由专门的法律工作部门或岗位归口管理。

14. 【答案】 D

【解析】抵押期间，无论抵押物所生的是天然孳息还是法定孳息，均由抵押人收取，抵押权人无权收取。只有在债务履行期间届满，债务人不履行债务致使抵押物被法院依法扣押的情况下，自扣押之日起，抵押权人才有权收取孳息。

15. 【答案】 D

【解析】贷款档案的保管期限自贷款结清（核销）后的第 2 年起计算。其中：①5 年期，一般适用于短期贷款，结清后原则上再保管 5 年；②20 年期，一般适用于中、长期贷款，结清后原则上再保管 20 年；③永久，经风险管理部门及业务经办部门认定有特殊保存价值的项目可列为永久保存。

16. 【答案】 D

【解析】主营业务利润 = 3000 - 2000 - 200 - 3000 × 5% = 650（万元）；营业利润 = 650 - 150 - 50 = 450（万元），利润总额 = 450 + 300 = 750（万元）；净利润 = 750 - 750 × 25% = 562.5（万元）。

17. 【答案】 A

【解析】BCD 三项分别是指贷款合同制定原则中的不冲突原则、维权原则和完善性原则。

18. 【答案】 B

【解析】信贷期限有广义和狭义两种：广义的信贷期限是指银行承诺向借款人提供以货币计量的信贷产品的整个期间，即从签订合同到合同结束的整个期间；狭义的信贷期限是指从具体信贷产品发放到约定的最后还款或清偿的期限。在广义的定义下，贷款期限通常分为提款期、宽限期和还款期。

19. 【答案】 B

【解析】借款人不能按期归还贷款时，应当在贷款到期日之前，向银行申请贷款展期。A项，贷款展期的审批实行分级审批制度，银行应根据业务量大小、管理水平和贷款风险度确定各级分支机构的审批权限，超过审批权限的，应当报上级机构审批；C项，短期贷款展期期限累计不得超过原贷款期限；D项，借款人未申请展期或申请展期未得到批准，其贷款从到期日次日起，转入逾期贷款账户。

20. 【答案】 A

【解析】绘制定位图所涉及的变量可以是客观属性，也可以是主观属性，但必须都是"重要属性"。

21. 【答案】 A

【解析】A项，借款人可以提前偿还全部或部分本金，如果偿还部分本金，其金额应等于一期分期还款的金额或应为一期分期还款的整数倍，并同时偿付截至该提前还款日前一天（含该日）所发生的相应利息，以及应付的其他相应费用。

22. 【答案】 A

【解析】一级文件（押品）主要是指信贷抵（质）押契证和有价证券及押品契证资料收据和信贷结清通知书，其中押品主要包括：银行开出的本外币存单、银行本票、银行承兑汇票、上市公司股票、政府和公司债券、保险批单、提货单、产权证或他项权益证书及抵（质）押物的物权凭证、抵债物资的物权凭证等。

23. 【答案】 A

【解析】保证实力主要是指保证人的财务状况，如现金流量、或有负债、信用评级等情况的变化直接影响其担保能力。良好的保证意愿是保证人提供担保和准备履行担保义务的基础。

24. 【答案】 A

【解析】A项，对于定期支付红利的公司来说，银行要判断其红利支付率和发展趋势。如果公司未来的发展速度已经无法满足现在的红利支付水平，那么红利发放就不能成为合理的借款需求原因。

25. 【答案】 C

【解析】在实践中，项目贷款的贷后检查主要包括以下三个方面：①项目建设期检查；②项目试生产期检查；③项目经营期检查。

26. 【答案】 D

【解析】流动比率＝流动资产/流动负债×100%。A项，现金比率＝现金类资产/流动负债×100%，现金类资产是速动资产扣除应收账款后的余额，在数值上现金比率小于流动比率；B项，速动比率＝速动资产/流动负债×100%，在数值上速动比率小于流动比率；C项，从理论上讲，只要流动比率高于1，客户便具有偿还短期债务的能力，但由于有些流动资产是不能及时足额变现的，按照稳健性原则，对此比率的要求会高一些，一般认为在2左右比较适宜；D项，营运资金是指流动资产与流动负债的差额，流动比率大于1时，营运资金大于零。

27．【答案】　D

【解析】统计预警法是蓝色预警法的一种，它是对警兆和警素之间的关系进行相关性分析，确定其先导长度和先导强度，再根据警兆变动情况确定各警兆的警级，结合警兆的重要性进行警级综合，最后预报警度的一种方法。

28．【答案】　A

【解析】符合《巴塞尔新资本协议》要求的客户信用评级必须具有两大功能：①能够有效区分违约客户；②能够准确量化客户违约风险。信用评级分为外部评级和内部评级，在《巴塞尔新资本协议》推出之前，商业银行对客户进行信用评级主要依靠外部评级。BC两项属于外部评级的内容。《巴塞尔新资本协议》推出后，内部评级变得更为重要。D项，内部评级是商业银行根据内部数据和标准（侧重于定量分析），对客户的风险进行评价，并据此估计违约概率及违约损失率，作为信用评级和分类管理的标准。

29．【答案】　A

【解析】预警处置是借助预警操作工具对银行经营运作全过程进行全方位实时监控考核，在接收风险信号、评估、衡量风险基础上提出有无风险、风险大小、风险危害程度及风险处置、化解方案的过程。

30．【答案】　A

【解析】速动资产＝流动资产－存货－预付账款－待摊费用。当存货增加，现金小幅减少时就会导致流动比率提高，速动比率降低。B项，企业收回应收账款，会使应收账款减少，货币资金相应增加，因而不会改变流动比率和速动比率；C项，赊销增加会使应收账款增加，因而会提高流动比率和速动比率；D项，应付账款增加会使流动负债增加，导致流动比率和速动比率都减小。

31．【答案】　C

【解析】C项，一般来说，流动比率和速动比率越高，说明企业资产的变现能力越强，短期偿债能力亦越强；反之亦成立。但是，这两个比率并非越高越好。速动比率过高，即速动资产相对于流动负债太多，说明现金持有太多，企业理财不善，资金利用效率过低。

32．【答案】　C

【解析】对项目的组织机构条件进行评估，就是要了解与项目实施有关的机构现状．即是否存在着实施项目必需的机构体系；如果已经具备，它能否满足项目的要求；对项目的组织机构提出加强和改善的建议，以保证项目目标的实现。项目的组织机构概括起来可以分为三大部分：项目的实施机构、项目的经营机构和项目的协作机构。

33．【答案】　B

【解析】潜在的市场需求量是指在一定时期内，在一定行业营销水平和一定的市场环境下，一个行业中所有企业可能达到的最大营销量之和。总市场潜量可表示为：$Q = npq$。式中，Q 代表总市场潜量；n 代表给定的条件下特定产品或市场中的购买者的数量；p 代表单位产品的价格；q 代表购买者的平均购买量。

34.【答案】 D

【解析】借款需求的主要影响因素中，季节性销售增长、长期销售增长、资产效率下降可能导致流动资产增加；商业信用的减少及改变、债务重构可能导致流动负债的减少；固定资产重置及扩张、长期投资可能导致长期资产的增加；红利支付可能导致资本净值的减少；一次性或非预期的支出、利润率的下降都可能对企业的收入支出产生影响，进而影响到企业的借款需求。

35.【答案】 D

【解析】在项目评估中现金流入用正值表示，现金流出用负值表示，现金流入与现金流出的差称为净现金流量。现金流量只计算实际的现金收支，不计算非实际的现金收支（如折旧等）。A 项只是现金形态的转换，不影响净现金流量的变动；B 项，用存货抵偿债务不涉及现金及其等价物；C 项，用银行存款购入一个月到期的债券，企业净现金流量没有发生变动；D 项，用现金等价物清偿债券是现金流出，会引起企业净现金流量减少。

36.【答案】 A

【解析】下列债权或者股权不得作为呆账核销：①借款人或者担保人有经济偿还能力，银行未按规定履行所有可能的措施和实施必要的程序追偿的债权；②违反法律、法规的规定，以各种形式逃废或者悬空的银行债权；③因行政干预造成逃废或者造成悬空的银行债权；④银行未向借款人和担保人追偿的债权；⑤其他不应当核销的银行债权或者股权。

37.【答案】 B

【解析】现金流量表主要分为以下两种：①全部投资现金流量表，可以计算全部投资的内部收益率、净现值、投资回收期等评价指标；②自有资金现金流量表，该表可用于计算自有资金的内部收益率、净现值等指标。

38.【答案】 C

【解析】责任认定及追究对象主要包括：贷款调查分析及维护的信贷员、后台人员、支行主管、各级拥有授权权限的审批人员。按照"首问负责"原则，存量贷款客户由调查分析的信贷员进行维护和管理并承担相应责任，原则上不移交。

39.【答案】 B

【解析】投资利润率是指项目达到设计能力后的一个正常年份的年利润总额与项目总投资的比率，它是考察项目单位投资盈利能力的静态指标。

40.【答案】 B

【解析】除 ACD 三项外，项目评估的内容还包括：①借款人及项目股东情况；②项目财务评估；③项目融资方案；④银行效益评估。

41.【答案】 C

【解析】由于普通损失准备金在一定程度上具有资本的性质，因此，普通准备金可以计入商业银行资本基础的附属资本，但计入的普通准备金不能超过加权风险资产的 1.25%，超过部分不再计入。

42.【答案】 B

【解析】B项，税金一般不涉及分配顺序的问题。对利润的审查内容包括税后利润的分配顺序是否正确。

43. 【答案】 C

【解析】授权适度原则是指银行业金融机构应兼顾信贷风险控制和提高审批效率两方面的要求，合理确定授权金额及行权方式，以实现集权与分权的平衡。实行转授权的，在金额、种类和范围上均不得大于原授权。

44. 【答案】 B

【解析】项目的盈利能力分析主要通过财务内部收益率、财务净现值、净现值率、投资回收期、投资利润率、投资利税率和资本金利润率七个评价指标进行，其中财务内部收益率指使项目在计算期内各年净现金流量累计净现值等于0时的折现率，财务内部收益率是反映项目获利能力的动态指标。

45. 【答案】 C

【解析】A项属于管理状况风险；B项属于经营风险；D项属于与银行往来异常现象。

46. 【答案】 A

【解析】无形资产与递延资产根据其原值采用平均年限法分期摊销，无形资产规定有效期限的＋按规定期限平均摊销；没有规定使用期限的，按预计使用期限或者不少于10年的期限平均摊销。开办费在项目投产后按不短于5年的期限平均摊销。

47. 【答案】 C

【解析】保证率是衡量保证担保充足性的指标。保证率＝申请保证贷款本息/可接受保证限额×100%。其中，保证人保证限额，是指根据客户信用评级办法测算出的保证人信用风险限额减去保证人对商业银行的负债（包括或有负债）得出的数值。因此，该保证人的保证率：$45/(350-200) \times 100\% = 30\%$。

48. 【答案】 A

【解析】银行在进行贷款项目评估时，要根据项目的具体情况，剔除项目可行性研究报告中可能存在的、将影响评估结果的各种非客观因素，重新对项目的可行性进行分析和判断，为银行贷款决策提供依据。

49. 【答案】 B

【解析】杠杆比率通过比较借入资金和所有者权益来评价借款人偿还债务的能力。杠杆比率一般包括资产负债率、负债与所有者权益比率、负债与有形净资产比率、利息保障倍数等。

50. 【答案】 A

【解析】项目评估是投资决策的重要手段，投资者、决策机构和金融机构以项目评估的结论作为实施项目、决策项目和提供贷款的主要依据。

51. 【答案】 A

【解析】效率比率通过计算资产的周转速度来反映管理部门控制和运用资产的能力，进而估算经营过程中所需的资金量。效率比率主要包括总资产周转率、固定资产周转率、应收账款回收期、存货持有天数等。BD两项属于盈利比率指标；C项，属于偿债能力比率指标。

52. 【答案】 B

【解析】借款人是指从境内金融机构取得贷款的企事业法人和自然人，借款人分析包括新建项目借款人分析和改扩建、技术改造项目借款人分析。

53.【答案】 D

【解析】跨境人民币业务的主要产品包括国际结算、外汇担保、国际贸易融资、其他对客户的产品和跨境人民币融资。其中，外汇担保分为：①非融资类保函，包括投标保函、履约保函、预付款保函、质量维修保函、付款保函、留置金保函等；②融资类保函，包括借款保函、融资租赁保函等。

54.【答案】 C

【解析】不同类型的行业其景气程度与经济周期的关系各不相同。按照对经济周期变迁的应变程度可将行业分为三类，即增长型行业、周期型行业和防御型行业。

55.【答案】 A

【解析】由于对核心资产的大量投资，营运现金流在短期内是不足以完全偿还外部融资的。因此，对于这部分融资需求，表面上看是一种短期融资需求，实际上则是一种长期融资需求。

56.【答案】 D

【解析】对工艺技术方案进行分析评估的目的是分析产品生产全过程技术方法的可行性，并通过不同工艺方案的比较，分析其技术方案是否是综合效果最佳的工艺技术方案。

57.【答案】 A

【解析】A项，信贷平均损失比率用于评价区域全部信贷资产的损失情况，指标越高，区域风险越大。该指标从静态上反映了目标区域信贷资产整体质量。

58.【答案】 C

【解析】C项，在对项目经营机构分析时，应依照项目的经营程序，如供、产、销等环节，审查项目经营机构的设置是否齐备，能否满足项目的要求，如果在机构和制度方面存在缺陷，应及时改善。

59.【答案】 D

【解析】根据《贷款通则》的规定，对于转贷款、国际商业贷款及境外借款担保项目，除提交一般资料外，还应提交国家计划部门关于筹资方式、外债指标的批文。

60.【答案】 B

【解析】根据题意可得，留存比率：$RR = 1 - 20\% = 80\%$，则可持续增长率：$SGR = \dfrac{\text{利润率} \times \text{资产使用效率} \times \text{财务杠杆} \times 80\%}{1 - \text{利润率} \times \text{资产使用效率} \times \text{财务杠杆} \times 80\%} = \dfrac{8\% \times 100\% \times 1 \times 80\%}{1 - 8\% \times 100\% \times 1 \times 80\%} \approx 6.84\%$。

61.【答案】 C

【解析】比例系数法是参照同类企业（新建、改扩建时）或本企业（改扩建时）的情况，结合项目特点，按年经营成本或年销售收入的一定比例计算流动资金需用量的一种方法。

62.【答案】 B

【解析】预期收入理论认为，贷款能否到期归还，是以未来的收入为基础的，只要未来收入有保障，长期信贷和消费信贷同样能保持流动性和安全性。稳定的贷款应该建立在现实的归还期限与贷款的证券担保的基础上。但由于收入预测与经济周期有着密切的关系,同时资产的膨胀和收缩也会影响资产质量,因而可能会增加银行的信贷风险。

63. 【答案】 D

【解析】A项,购入固定资产应按照购买价加上支付的运输费、保险费、包装费、安装成本和缴纳的税金确定固定资产原值;B项,融资租人的固定资产,按照租赁合同确定的价款加上运输费、保险费、安装调试费等确定固定资产原值;C项,企业构建定资产所缴纳的投资方向调节税、耕地占用税、进口设备增值税和关税应计入固定资产原值。

64. 【答案】 C

【解析】利润表分析通常采用结构分析法。即以利润表中的产品销售收入净额为100%,计算产品销售成本、产品销售费用、产品销售利润等指标占产品销售收入净额的百分比,然后比较若干连续时期的各项构成指标的增减变动趋势,分析其对借款人利润总额的影响。

65. 【答案】 C

【解析】项目销售收入审查中,在项目达产年份里,一般以项目设计生产能力的产量作为计算项目销售收入的产量(扣除自用产品);在投产初期,由于项目的实际产量往往低于设计生产能力,此时要根据项目的实际情况估算投产初期各年的达产率。

66. 【答案】 B

【解析】银行在依法收贷的纠纷中申请财产保全有两方面作用:①防止债务人的财产被隐匿、转移或者毁损灭失,保障日后执行顺利进行;②对债务人财产采取保全措施,影响债务人的生产和经营活动,迫使债务人主动履行义务。

67. 【答案】 B

【解析】借款合同中的必备条款有:①贷款种类;②借款用途;③借款金额;④贷款利率;⑤还款方式;⑥还款期限;⑦违约责任和双方认为需要约定的其他事项。

68. 【答案】 C

【解析】通常银行通过提取资本金来覆盖非预期损失,通过提取准备金来覆盖预期损失。

69. 【答案】 C

【解析】贷款经批准后,业务人员首先应当严格落实贷款批复条件,并签署借款合同。

70. 【答案】 A

【解析】从财务杠杆比率角度可考察借款人偿还债务的保障能力,分析借款人偿还长期债务的能力。杠杆比率主要通过比较资产、负债和所有者权益的关系来评价客户负债经营的能力。

71. 【答案】 C

【解析】填写合同时,合同文本应该使用统一的格式,对单笔贷款有特殊要求的,可以在合同中的其他约定事项中约定。

72. 【答案】 D

【解析】在商业银行风险预警程序中,风险分析是按如下步骤进行的:①收集到的信息经过适当的分层处理、甄别和判断;②进入预测系统或预警指标体系中;③预测系统运用预测方法对未来内外部环境进行预测;④使用预警指标估计未来市场和客户的风险状况;⑤将输出结果与预警参数比较,以便作出是否发出警报,以及发出何种程度警报的判断。

73.【答案】 C

【解析】对于项目融资业务还款账户的监控,贷款人应要求借款人指定专门的项目收入账户,并约定所有项目的资金收入均须进入此账户。该账户对外支付的条件和方式均须在合同中明确,以达到有效监控资金收支变化、提高贷款资金保障性的效果。贷款人应对项目收入账户进行监测,当账户资金流动出现异常时,应及时查明原因并采取相应措施。

74.【答案】 A

【解析】盈亏平衡点是指某一企业销售收入与成本费用相等的那一点。A项,一般高经营杠杆企业的盈亏平衡点较高,由于高杠杆经营行业中的企业固定成本高,因而需要达到较高的产量才能弥补其固定成本,因而盈亏平衡点较高。

75.【答案】 A

【解析】预控性处置是在风险预警报告已经作出,而决策部门尚未采取相应措施之前,由风险预警部门或决策部门对尚未爆发的潜在风险提前采取控制措施,避免风险继续扩大对商业银行造成不利影响的一种风险处置方法。

76.【答案】 D

【解析】速动比率是借款人速动资产与流动负债的比率。其计算公式为:速动比率=速动资产/流动负债,速动资产=流动资产－存货－预付账款－待摊费用。因此该企业的速动比率=(8300－890－2100－1900)/12113≈2.82。

77.【答案】 C

【解析】根据《民法通则》的规定,债权适用2年诉讼时效规定,即自知道或应当知道权利被侵害之日起2年内,权利人不向法院请求保护其民事权利,便丧失请求人民法院依诉讼程序强制义务人履行义务的胜诉权。

78.【答案】 A

【解析】贷款的利率由以下四部分组成:①筹集可贷资金的成本;②银行非资金性的营业成本;③银行对贷款违约风险所要求的补偿;④为银行股东提供一定的资本收益而必须考虑的每笔贷款的预期利润水平。题中,银行贷款定价=3%+2%+2%+1%=8%。

79.【答案】 C

【解析】投资环境是指在一定时间、一定地点或范围内,影响或制约项目投资活动的各种外部境况和条件要素的有机集合体。项目对其投资环境具有选择性,这正是资本寻求其生存和发展的各种必要条件的集中表现。

80.【答案】 A

【解析】平均年限法的固定资产折旧计算公式如下:固定资产年折旧率=(1－预计的净残值率)×100%÷折旧年限,固定资产年折旧额=固定资产原值×年折旧率。代入数据可得,第九年应计提折旧额=100×(1－10%)÷10=9(万元)。

二、多项选择题

1.【答案】 ABCD

【解析】一般信贷业务中涉及的合同主要有借款合同、保证合同、抵押合同、质押合同等，贷款合同审查即是对这些合同进行检查。

2.【答案】 BCDE

【解析】贷款发放中借款合同条款的审查应着重于合同核心部分即合同必备条款的审查，借款合同中的必备条款有：①贷款种类；②借款用途；③借款金额；④贷款利率；⑤还款方式；⑥还款期限；⑦违约责任和双方认为需要约定的其他事项。

3.【答案】 ABCD

【解析】在审核借款凭证时，信贷员要根据借款合同认真审核，确认贷款合同用途、金额、账号、预留印鉴等正确、真实无误后，在借款人填妥借款凭证的相应栏目签字，交由有关主管签字后进行放款的转账处理。

4.【答案】 BCDE

【解析】客观公正性就是在项目评估中要尊重客观规律，不带主观随意性，讲求科学性。坚持评估的客观公正性原则，首先要求项目评估人员避免各种先入为主的观念，克服主观随意性和片面性。其次要求项目评估人员深入调查研究，全面系统地掌握可靠的信息资料。A项属于系统性原则对项目评估人员的要求。

5.【答案】 CDE

【解析】贷款发放时，银行应对提款申请书中写明的提款日期、提款金额、划款途径等要素进行核查，确保提款手续正确无误。

6.【答案】 BCD

【解析】A项，抵押不需转移担保物的占有权，因而可以不动产作为担保物。BC两项，留置、质押需要转移担保物的占有权，不动产无法转移，因而不能成为担保物。D项，动产担保显然也不能以不动产作为担保物。

7.【答案】 BCDE

【解析】除BCDE四项外，银行在进行工艺技术方案的分析评估时还需要考虑：①工艺技术方案是否能保证产品质量；②工艺技术的经济合理性；③工艺技术实施的可行性；④工艺技术实施对生态环境的影响。

8.【答案】 BE

【解析】客户的长期资金是由所有者权益和长期负债构成的。客户在筹资决策中，必须按照《公司法》等法律法规筹集一定的权益资本，但是否要筹集长期债务及筹集多少长期债务，应根据企业需要采用不同的策略，做到负债适度，保持最佳长期债务和权益资本的结构。

9.【答案】 ACDE

【解析】一个公司的可持续增长率主要取决于四个变量：利润率、留存利润、资产使用效率与杠杆。利润率越高、留存利润越多、资产效率越高、杠杆越高，销售增长越快。

10.【答案】 ABDE

【解析】工艺技术营运成本决定了工艺技术方案的经济收益。工艺技术营运成本包括原材料及能源消耗费、维护运转费、人员工资、工艺设备及厂房折旧费。

11.【答案】 DE

【解析】源自长期销售增长的核心流动资产增长，必须由长期融资来实现，具体包括核心流动负债的增长或营运资本投资的增加。

12. 【答案】 ABCD

【解析】企业缴完所得税以后的利润一般按以下顺序进行分配：弥补被没收财务的损失，支付各项税收的滞纳金和罚款；弥补以前年份亏损；提取法定盈余公积金；向投资者分配利润。

13. 【答案】 ABDE

【解析】C项是商业银行防范质押操作风险的措施。

14. 【答案】 ACDE

【解析】在产品技术方案分析中，分析产品的质量标准应综合考虑市场需求、原料品种、工艺技术水平、经济效益等因素，并将选定的标准与国家标准、国际常用标准进行对比。

15. 【答案】 ABC

【解析】前期调查的主要目的在于确定是否能够受理该笔贷款业务、是否投入更多时间和精力进行后续的贷款洽谈、是否需要正式开始贷前调查工作。

16. 【答案】 CDE

【解析】项目的组织机构概括起来有三种：①项目实施机构，在我国被称为项目建设单位，负责项目方案准备、挑选、报批及项目的建设过程；②项目经营机构，负责项目的经营，提供项目实施的成果；③项目协作机构，是指与项目有关的国家机构、地方机构、协作单位。

17. 【答案】 ABCDE

【解析】借款人流动资金需求分析与测算，此部分内容主要包括分析借款人经营规模及运作模式、季节性、技术性及结算方式等因素对借款人流动资金需求量的影响。流动资金贷款需求量测算是以企业产销规模为参照指标，并借助一定的计量方法，测算出企业一定时期内与产销相匹配的流动资金贷款需求规模，然后按照经济运行状况、行业发展规律和借款人的有效信贷需求及未来发展前景等情况，在合理预测的基础上，对定量估算结果进行必要调整，进而确定实际流动资金贷款需求量。

18. 【答案】 ABCE

【解析】本题中，该公司的资本回报率＝净利润/所有者权益×100%＝1572/9732×100%≈16%；红利支付率＝股息分红/净利润×100%＝608/1572×100%≈39%；利润留存比率＝1－红利支付率＝1－39%＝61%；可持续增长率＝资本回报率×利润留存比率/（1－资本回报率×利润留存比率）＝16%×61%/（1－16%×61%）≈11%；资产负债率＝负债总额/资产总额×100%＝11946/21678×100%≈55%。

19. 【答案】 ABC

【解析】D项，贷款人应合理测算借款人营运资金需求，审慎确定借款人的流动资金授信总额及具体贷款的额度，不得超过借款人的实际需求发放流动资金贷款；E项，借款人不得将流动资金贷款用于固定资产投资、股权投资以及国家禁止生产、经营的领域和用途。

20. 【答案】 ABCDE

【解析】除ABCDE五项外，商业银行信贷批复文件中可附带的限制性条款还包括：

①办理具体贷款业务品种、额度、期限及保证金比例的要求；②贷款担保方面的要求；③对资产负债率等核心偿债能力、流动性、盈利性等财务指标的要求；④贷款支付金额、支付对象的要求；⑤资本出售的限制；⑥兼并收购的限制；⑦交叉违约的限制；⑧确定借款人的交易对手名单、交易商品，必要时限定交易商品价格波动区间和应收账款账龄；⑨锁定借款人贷款对应的特定还款来源，提出明确还款来源、监督客户物流与现金流的具体措施，并落实贷款的贷后管理责任人；⑩其他限制性条件。

21. 【答案】 ABCDE

【解析】公司信贷管理的原则包括：①全流程管理原则；②诚信申贷原则；③协议承诺原则；④贷放分控原则；⑤实贷实付原则；⑥贷后管理原则。

22. 【答案】 ABDE

【解析】C 项，《固定资产贷款管理暂行办法》规定了固定资产贷款必须采用贷款人受托支付的刚性条件为：对单笔金额超过项目总投资 5% 或超过 500 万元人民币的贷款资金支付，应采用贷款人受托支付方式。

23. 【答案】 ABCDE

【解析】责任行为是指信贷人员在贷款调查分析、决策审批、放款支付、贷后管理以及日常管理中存在的违反授信业务管理和操作流程的有关规定，或违反授信尽职有关规定，或发生职业道德风险并且与不良贷款的形成具有因果关系，或对不良贷款形成存在重大关联关系的行为。

24. 【答案】 ABD

【解析】C 项，企业营运能力越强，资产周转速度就快，就能取得更多的收入和利润，盈利能力就强，就会有足够的资金还本付息，那么其长期偿债能力就强；E 项，企业营运资金为负值时，说明其是用流动负债支持部分长期资产。

25. 【答案】 BCD

【解析】AE 两项分别属于贷款合同存在不合规、不完备等缺陷和履行合同监管不力的问题。

26. 【答案】 ABCDE

【解析】《担保法》规定的法定担保范围为：①主债权；②利息；③违约金；④损害赔偿金；⑤实现债权的费用，一般包括诉讼费、鉴定评估费、公证费、拍卖费、变卖费、执行费等费用；⑥质物保管费用。

27. 【答案】 ABCD

【解析】E 项，贷款发放的重要先决条件，应在借款合同内加以规定。银行应按照借款合同的规定，逐条核对是否已完全齐备或生效，以确保贷款发放前符合所有授信批准的要求，落实全部用款前提条件。

28. 【答案】 ABCDE

【解析】根据借款人的信用状况、生产经营情况、总体融资规模和本机构融资占比、还款来源的现金流入特点等因素，贷款人应判断是否需要对客户资金回笼情况进行更进一步的监控。对需要更进一步监控的，应与借款人协商签订账户管理协议，明确对账户回笼资金进出的管理。

29.【答案】 CDE

【解析】A项，质押担保的范围包括主债权及利息、违约金、损害赔偿金、质物保管费用和实现质权的费用；B项，在抵押担保中，抵押物价值大于所担保债权的余额部分，可以再次抵押，即抵押人可以同时或者先后就同一项财产向两个以上的债权人进行抵押。

30.【答案】 ADE

【解析】贷款总结评价的内容主要包括：①贷款基本评价，就贷款的基本情况进行分析和评价，重点从客户选择、贷款综合效益分析、贷款方式选择等方面进行总结；②贷款管理中出现的问题及解决措施；③其他有益经验，即对管理过程中其他有助于提升贷后管理水平的经验、心得和处理方法进行总结。

三、判断题

1.【答案】 A

【解析】计算现金流量时，以利润表为基础，根据资产负债表期初期末的变动数进行调整。具体步骤如下：①计算资产负债表各科目期初数和期末数的变动情况；②确定项目变动数是现金流出还是现金流入；③计算现金流量。

2.【答案】 A

【解析】净现值率即项目的净现值与总投资现值之比，其计算公式为：$FNPVR = FNPV/PVI$，其中，$FNPVR$为净现值率，$FNPV$为财务净现值，PVI为总投资现值。净现值率主要用于投资额不等的项目的比较，净现值率越大，表明项目单位投资能获得的净现值就越大，项目的效益就越好。

3.【答案】 B

【解析】财务净现值大于零，表明项目的获利能力超过基准收益率或设定收益率，是可以接受的。

4.【答案】 B

【解析】投资回收期（静态、动态）、净现值、净现值率、内部收益率等是通过现金流量表计算的评价指标。

5.【答案】 A

【解析】分析一个特定区域的风险，关键是要判断信贷资金的安全会受到哪些因素影响，什么样的信贷结构最恰当，风险成本收益能否匹配等。

6.【答案】 A

【解析】在长期贷款项目中，通常会包括提款期、宽限期和还款期。银行应审查借款人是否在规定的提款期内提款。除非借贷双方同意延长，否则提款期过期后无效，未提足的贷款不能再提。

7.【答案】 B

【解析】现金流量中的现金包括：库存现金、活期存款、其他货币性资金以及三个月以内的证券投资。

8.【答案】 B

【解析】根据《项目融资业务指引》的规定，贷款人从事项目融资业务，应当以偿债能力分析为核心，重点从项目技术可行性、财务可行性和还款来源可靠性等方面评估项目风险，要充分考虑政策变化、市场波动等不确定因素对项目的影响，审慎预测项目的未来收益和现金流。

9．【答案】 A

【解析】贷款逾期后，银行不仅对贷款本金计收利息，而且对应收未收的利息计收利息，即计复利。同时，对不能按借款合同约定期限归还的贷款，应按规定加罚利息，加罚的利率应在贷款协议中明确规定．应收未收的罚息也要计复利。

10．【答案】 B

【解析】对行业生命周期进行分析，目的是明确项目产品所处阶段，一般应处于导入、成长阶段比较理想，当处于饱和状态时应引起足够的重视，若拟投资项目生命周期处于衰退期的，银行一般不会提供授信支持。

四、综合题

1．（1）【答案】 2900

【解析】一般来说，销货现金收入、利息与股息的现金收入、增值税销项税款和出口退税、其他业务现金收入能够带来现金流入。销售所得现金＝销售收入－△应收账款＝3000－（250－150）＝2900（万元）。该公司去年经营活动现金流入为2900万元。

（2）【答案】 2270

【解析】一般来说，购货现金支出、营业费用现金支出、支付利息、缴纳所得税和其他业务现金支出会带来现金的流出。购货所付现金＝销售成本－△应付账款＋△存货＝1800－（80－150）＋（400－300）＝1970（万元）；经营费用现金支出＝经营费用－折旧－摊销－△应付费用＋△预付费用＝200＋100＋100－300＋0＋100（万元）；所得税为200万元。该公司去年度经营活动现金流出为1970＋100＋200＝2270（万元）。

（3）【答案】 15

【解析】应收账款周转率＝赊销收入净额/应收账款平均余额，其中，应收账款平均余额＝（期初应收账款余额＋期末应收账款余额）/2＝（150＋250）/2＝200（万元）。因此，应收账款周转率＝3000/200＝15（次）。

（4）【答案】 70

【解析】存货周转天数＝存货平均余额×计算期天数/销货成本＝（300＋400）/2×360/1800＝70（天）。

（5）【答案】 36.36

【解析】成本费用利润率＝利润总额/成本费用总额×100%，其中，成本费用总额＝销售成本＋销售费用＋管理费用＋财务费用＝1800＋200＋100＋100＝2200（万元），因此，成本费用利润率＝800/2200×100%≈36.36%。

（6）【答案】 400

【解析】速动资产＝流动资产－存货－预付账款－待摊费用，该公司去年末存货为400万元，无预付账款和待摊费用，因此，流动资产与速动资产之差为400万元。

2. (1)【答案】   D

【解析】由题中资料,采用线性插值法可得:该项目财务内部收益率=18%+(20%-18%)×|8.52|/(|8.52|+|-14.49|)≈18.74%。

(2)【答案】   C

【解析】本题可通过财务净现值判断。由题中资料,项目的财务净现值=-500+50×0.8403+150×0.7062+200×0.5934+250×0.4987+250×0.4190=-3.95(万元)<0,说明该项目的获利能力不及放弃的投资机会成本,项目不可接受。

(3)【答案】   A

【解析】为了使负债水平不同和筹资成本不同的项目具有共同的比较基础,评估中需假设企业全部投资均为自有资金,编制全部投资现金流量表,并将其作为评估的主要报表。通过该表计算的指标是判断项目效益情况的主要依据。

(4)【答案】   B

【解析】资金来源与运用表主要反映项目计算期内各年的资金盈余及短缺情况,用于选择资金筹措方案,并制定适宜的借款及还款计划;假设全部投资(建设投资和流动资金)均为自有资金的报表是全部投资现金流量表;利润表是主要用于计算投资利润率、投资利税率、资本金利润率等指标的报表。

3. (1)【答案】   4000

【解析】在借款人自主支付方式下,仍应遵守贷款与资本金同比例到位的基本要求,不得提前放贷。依题意,贷款资金的投放比例为8000÷20000=40%,借款人自有资金最低应投入10000×40%=4000(万元)。

(2)【答案】   A

【解析】贷款人应加强对贷款资金用途的后续跟踪核查。借款人自主支付方式下,贷款发放后应要求借款人定期汇总报告贷款资金支付情况。该贷款应专用于固定资产投资项目,而借款人用于增资,所以贷款使用违规,贷款人应要求客户尽快将款项划回,并尽快归还贷款。

(3)【答案】   D

【解析】《固定资产贷款管理暂行办法》规定了固定资产贷款必须采用贷款人受托支付的刚性条件:对单笔金额超过项目总投资5%或超过500万元人民币的贷款资金支付,应采用贷款人受托支付方式。该公司将680万元的贷款资金在9月8日分两次支付,有化整为零规避受托支付嫌疑,应进一步核实。

(4)【答案】   B

【解析】对单笔金额超过项目总投资5%或超过500万元人民币的贷款资金支付,应采用贷款人受托支付方式。因为该项目总投资(3亿元)的5%为1500万元,所以该项目受托支付起点为500万元。550万元的采购水泥款应采用受托支付方式,题中允许借款人自主支付是不符合要求的。